鄭子太極拳

功法概要

趙偉豪——著

　　余猶記於民國九十八年底回台東執業，約莫在九十九年四月間，遇國中同窗好友趙兄偉豪，聽聞好友王崑伊醫師及內人說起趙兄於拳藝上頗有心得，受趙兄稍一「靠」就可讓人倒退4-5公尺以上，余心欣然嚮往之，遂相約於鯉魚山救國團後之廣場試藝，趙兄當場演示，只覺一股大力由前而來，即退約7-8步，方信服趙兄之於太極拳確有其功力及內涵。

　　猶記回鄉前也曾在台北學太極拳約2-3月，吾天資雖愚拙，然拳架反覆幾次也能熟練，卻一直無法了解太極拳除了拳架比劃外，尚有何內涵於其中，難道電影《推手》所見之功夫只能見於小說或電影。當與趙兄試藝之後，不禁思考如此之勁道，又非如外家拳重擊之力，力由何發，匪夷所思？古人云：「聞道有先後，術業有專攻」，我倆雖是同窗，然於太極拳，趙兄偉豪已浸淫約十餘年，吾心

亦嚮往，因此欲其傳授太極拳，此後便尊稱為趙師。於是從民國九十九年十一月開始練鄭子太極拳三十七式，至民國一百年十月開始進入推手迄今，一路上趙師均有許多的拳理教導，將許多太極拳前輩拳經拳論以我等可理解的語言解釋出來，奈何吾天賦有限，無法完全理解及記憶，進步亦緩慢，期望趙師能有心得著作讓我等魯鈍之輩有一遵循的依據。

欣聞趙師將其二十餘年拳藝推手經驗歸納整理成《鄭子太極拳功法概要》一書，即將付梓出版，邀我作序，欣喜之餘，遂一氣呵成將書看完。鄭曼青宗師是鄭子太極拳創始人，也是我輩中醫師全國聯合會第一屆理事長，趙師師傳於鞠鴻賓大師之弟子王錦士老師，於太極拳之體會超出我輩甚多。其書中最先從基礎的功法筋骨結構探討、各種樁功訓練的要領及重點談起，讓大家能瞭解如何建立周身一家的觀念，正所謂「練拳不練功，到老一場空」，練好功架是進入推手的第一步。趙師在推手浸淫也已二十餘年，對於推手中各種「勁」的體會與各種功架的關係也都了然於心，甚至將拳架及推手教學中的各種體會融會貫通，歸納出「意念三

階」、「體用四法」、「應敵三要」的重點，讓有意進入太極拳推手的同道有一條可遵循的道路，而不會茫然迷失在諸多無謂的訓練中。最後也針對有意習拳及教拳者提出「習拳五態」，讓習拳者找到適合自己的明師及訓練方式。

　　趙師此書發微起妙，使人一讀欲罷不能，讓我許多的習拳疑難迎刃而解，面對未來的練拳之路也豁然開朗，其中一字一句，細細咀嚼，均有深意，其中奧妙，只留待有緣之拳友自行體會！

臺東縣中醫師公會 理事長
臺東縣東成薪傳鄭子太極拳協會 理事長
中華民國中醫師公會全國聯合會 理事

黃俊傑 謹識

領悟拳理　提升拳藝境界

　　我在大學時期開始在社團中接觸太極拳，加上後來在研究所進修期間，研究五絕老人鄭曼青（1902-1975）的書畫，知道他的詩、書、畫、拳、醫兼擅之外，更是鄭子太極拳三十七式的研發及推廣者，油然興起敬佩之意，也對太極拳的學習充滿濃厚的興趣。不過因工作的關係，總是斷斷續續的學習而不能專注的鍛鍊。直到這五年來隨吾師趙偉豪老師學習拳藝，才算是慢慢感受到太極拳的奧妙，檢討以前學習之所以事倍功半，就是不能探究本源，沒有先了解太極拳要領與原則，又缺乏練功的訓練，只想練招式又沒有老師隨時調整功架。因此無法循序漸進，日有所成。

　　近日研讀趙老師所寫《鄭子太極拳功法概要》一書，讓我如獲至寶，也解決了許多疑惑，更加清楚練拳體用的功法。趙老師少年即熱愛武術，廿多

歲向鄭子太極拳第三代傳人王錦士老師習拳和推手。由於他的勤勉和悟性高，二十年來體悟鄭子太極拳的精髓，身體也得到易筋換骨之效。趙老師進而教導學員，大力推廣鄭子太極拳，他教學認真，不僅按部就班，由淺入深，且配合學員的體能，不斷地反覆，從一招一式開始，不厭其煩地說明與提醒，一個段落做一個功法總結。對於要領的提示，猶如剝洋蔥一般，一層一層，讓人容易理解。總之，他的教學著重在最適當的時候，給學員一些提醒。因此初學者比較不會感到挫折，在辛苦的練功過程中，也會發現自己的肌耐力進步很多。

任何事物的學習都須從根源著手，最好先了解道理何在。如很多人學拳一段時間，都能說出要「虛靈頂勁」、「沉肩墜肘」、「鬆腰落胯」、「虛實分清」等要訣，只是練習時不易覺察身體有無落實。若有趙老師在場，學習過程中就能立即點出問題所在，告訴學員招式不正確的關鍵在哪裡。趙老師為讓更多人分享他多年來教拳學拳的心得，幫助學拳同道，於是秉持鄭曼青師祖「善與人同，達兼天下」的理念，整理歸納拳理，寫成《鄭子太極拳功法概要》。本書第一章係太極拳套路的探

討：包括身體的基本結構須知，及樁法、套路訓練要領。第二章為推手功法探討：包括整勁、內勁、聽勁，和勁道及功架的關係。第三章為體用觀念的探討：談意念如何以意領形、以意領勁、以意領鬆，以及體用應敵之法和學拳心態。第四章：以道法薪傳作為總結。我認為這是一本鄭子太極拳入門必讀的好書，不但具有實用價值，也是一本工具書，值得反覆閱讀咀嚼，可以讓我們練拳時有一個正確的方向，不斷提升拳藝的境界。

　　孔子云：「學而不思則罔，思而不學則殆。」打拳亦然，需要學思並重。學習動作套路之外，也要不斷閱讀拳理，進而思考有得。席慕蓉詩句：「反覆與堅持，柔水終成雕刀」，在學拳的路上更需要如此態度。藉此與同道共勉！

國立臺東大學人文學院院長

林永發，謹識

自序

　　鄭子太極拳37式為鄭宗師曼青所創，係改編楊式傳統老架（楊澄甫宗師定架）而來，去繁存簡，讓太極拳套路更加便於推廣。然推廣日久，養生、練氣之功效，雖能廣泛的惠及社會大眾，可那簡而約、易且深的鄭子武術鍛鍊功法，卻逐漸為世人所淡忘。

　　恩師王大師錦士先生為鄭子太極拳第三代傳人，師從鞠大師鴻賓先生學習，並獲創拳人鄭宗師曼青先生親自授藝二年，一身武藝非凡，令人難望項背。我從恩師習拳不過十餘載，所學十不及一，卻已有易筋換骨之效，更深刻明白鄭子37式入門易，成就難，不僅非一朝一夕之功，更需時時刻刻用心體會其精妙之處，而「用心」二字則為恩師常掛嘴上的叮嚀，至今不敢或忘。

　　目前眾多學習太極拳的方法，大多由老師帶領學生一招一式的從套路開始練習，然而在練習套路

的階段，卻少了基本功的鍛鍊。如此一來，對有些從未學習過拳術之人，或腿部肌肉群尚未有足夠強度足以應付長期蹲姿者，通常會先出現膝蓋疼痛之病。雖說正確的功架姿勢能避免此類問題，但還是有些年紀稍長方開始習拳者，仍因無法忍受膝關節痛楚而放棄。另有已精熟套路動作規格及要領者，卻因不知內在功法的訓練方式，以致僅練就一半的太極拳功夫，而無法心領神會太極拳內在勁道，在整體套路中的運行感受；又或有將太極拳結合氣功玄學而另闢蹊徑的奇人，談論了大半輩子的太極拳，雖說對推廣太極拳有莫大的幫助，卻忽略了太極拳本質實為武術，甚而造成現在人談論太極拳時，均將其與修練氣功或專屬年長者之運動畫上等號，殊為可惜。

　　為了讓初學者淺顯明白地瞭解鄭子37式太極拳的武術功法要領，建立正確的習拳觀念，回歸太極拳為傳統武術一環的本質，從而以武術的觀點來鍛鍊身體，因此興起著書分享太極拳武術功法觀念的想法。然本書僅為學習鄭子太極拳的體用功法概要而已，目的是希望為學生及薪傳同道們留下一些本人習拳之心得分享，故不想僭越前人之功，書中尚

有謬誤或過於自我之處，還請同道們一哂視之。

中華國際薪傳鄭子太極拳總會副總教練
臺東縣東成薪傳鄭子太極拳協會總教練

趙虎豪　謹識

2020.02.21

習拳概述

　　一般大眾對於太極拳的觀念大都認為是氣功的一環，但太極拳的濫觴卻是從傳統武術而來。我認為要真正全面了解太極拳本質，除了去探究太極拳養生功效外，還必須從武術的角度去深入探討和學習，方能達到養生、健身及強身的目標。學習太極拳之初，並非從套路開始練習起，而是應先接受基本功的鍛鍊，再逐步一招一式的學習套路，最後在完成套路訓練時，自然能將功法要領內化至套路裡頭，如此才會有一趟拳一趟功的功效。

　　鄭子太極拳的基本功法可分為站樁（靜功）及單式動作訓練（動功）二種。站樁的訓練是為了讓學習者先培養出強壯的腿力，和感受到身體功架結構的完整性；單式動作的訓練，則是要讓學習者預先訓練出身體（手腳腰腿胯）動作的協調性，及學習套路動作時必須具備的身體慣性。這二種訓練方

式，能夠讓初學者在日後學習套路的招式時，較容易體悟到身體結構力量（緊和鬆）所產生的變化，也較能避免因為腿部的肌耐力不足而出現的運動傷害，畢竟鄭子太極拳的各項套路動作，若是能確實的將規格及要領做到位，已算是一種高強度的運動了。

　　彎腰駝背、縮脖聳肩、坐姿慵懶、走路沉重種種長期不正確的身體姿勢，以及筋骨、肌肉力量等長期缺乏訓練的不足，都容易造成腰椎、肩頸、腰胯、膝踝等關節處的病痛（如：坐骨神經痛、椎間盤突出、五十肩、膝蓋疼痛等疾病）。吃藥、打針、開刀、復健等治療方式，大都只是治標不治本，然經由太極拳從身體結構的調整和筋骨肌肉的伸展鍛鍊後，這些疾病往往就能不藥而癒，甚而讓身體變得更加強健、矯捷；另外，太極拳招式動作上的協調性和慣性訓練，也能改善平常用力習慣，讓己身在工作或生活的勞動中，較不容易發生意外傷害。

　　鄭子太極拳在套路演繹上，會有全身放鬆、立身中正、緩慢均勻、動作柔美等要求，因而給人輕鬆優美的觀感。實際上，打太極拳的人在身體放鬆

並意念專注的狀態下，可以暫時忘卻許多煩惱，且一邊動作一邊思索體內功架結構的運轉、筋骨勁道的變化、呼吸的協調及步法上的虛實分清等等。這種不斷地與自己身體對話的運動方式，實與一般將專注力放在外在環境上的運動方式有所區別（如走路、跑步或球類運動等）。故在學習太極拳時，為了讓心靈能更細膩且有時間去探索身體肌肉、筋骨的運作方式，就必須緩慢的做出太極拳的動作；而另一個太極拳之所以緩慢的原因，則在於讓身體培養出合力使勁的慣性，這也是武術功法上所謂整勁的訓練方式之一。

　　初學太極拳的階段，較常見的阻礙有手腳不協調及記憶力不佳等所衍生的挫折感；亦有因承受不住腿痠或姿勢不正確而引起的膝蓋疼痛等運動傷害，令有些人產生畏怯和害怕繼續學習的想法。可太極拳是先人智慧的結晶，其內涵是相當豐厚的，當然不易習得；但相對的，若是能認真練習太極拳，長時間以蹲姿方式演練套路，不僅能強化腿部的肌耐力，年久月深之後，還能讓人感覺到身輕體健、舉步輕靈，有愈練愈覺得年輕的感受，而那些長久以來因錯誤姿勢，或用力習慣所衍生出來的病

痛，亦能獲得良好的改善，進而提升生活品質，讓身心都健康。

　　任何體育運動項目均著重於學習成效和訓練方式，然而要有好的成效，則必須要有好的訓練方式，練習太極拳武術套路亦是如此。建立正確的學習觀念，方能使學習變得更加有效率，達到日益精進的目標，而所謂「入門引路需口授」的道理也在此。好的老師能夠教導學生正確的訓練方式，不讓學生走冤枉路，並引領學生學習到真正太極拳的內涵。我有幸得遇恩師王大師錦士先生，讓我在紮實的功法訓練中找到太極拳的核心內涵，從此一路沉醉在習拳的樂趣當中，真是師恩浩瀚，銘感五內。

目錄

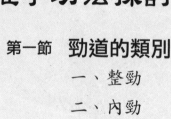

第二章
推手功法探討

第三章
體用觀念探討

第四章
道法薪傳

第一章
套路功法探討

關於本章「套路功法探討」，概括而言，第一節「身形結構須知」，是希望學習者能先建立體內筋骨結構力量是如何整合的觀念後，再進行太極拳的訓練，如此就能更快理解練拳時，身體應該保持怎樣的結構力（功架），避免不正確的姿勢出現。第二節「樁法訓練要領」，是在教導學習者如何穩定這些體內功架，強化身體的結構力，不致過於鬆散；若未能先訓練出「整勁」，反而先執著於「鬆」而懈掉了身體的功架，日後就不容易感受到「內勁」的存在。第三節「單招訓練要領」，是要讓身體初步強化太極拳的動作慣性，藉由單一簡單的動作，讓筋骨肌肉先記憶住太極拳肢體語言的表達方式，並同時強化腿部的肌耐力，如此先養成手腳協調的慣性，之後在學習套路時，則較容易記住複雜的招式動作，減少挫折感。第四節「套路訓練要領」，是要讓身體開始進入複雜的套路訓練時，亦同時進入心理（意念）層次的學習，如此除了避免發生運動傷害並增加學習效率外，亦能讓身心靈都獲得放鬆，達到強身健體的效用。

第一節
身形結構須知

　　人體的結構是筋骨和肌肉所建構而成，肌肉如何強化是大部分運動的訓練重點，可是鄭子太極拳卻不是從肌肉的強化開始思考，而是從筋骨的強健開始學習。人體如同一座大樓，筋骨有如大樓的鋼樑，而肌肉猶如水泥。鋼樑愈是強壯，大樓根基愈是穩固；水泥愈是堅硬，大樓愈是難以被破壞。就運動強身而言，筋骨和肌肉都是必須鍛鍊的，只是大部分的人都只懂得訓練肌肉群，但要如何直接強壯筋骨就較少提及，然而鍛鍊筋骨卻是太極拳首要的訓練重點。

　　如何做到直接鍛鍊筋骨的方法，其實簡單的一句話就能表達，即是「將肌肉放鬆」。然而肌肉一旦放鬆，身體手腳腰腿單一的力量將不足以支撐動作的平衡，這時就需要以全身筋骨的結構力去同步作用，才能在肌肉放鬆的狀態下，做出高度協調的太極拳動作。是以，太極拳是必須從身體內部結構的結合開始訓練，而不是著重於外在肌肉力量的鍛鍊，這也是其被稱作內家拳的原因之一。以下就

身體結構的每一個部位，逐步詳細介紹其在身體放鬆、意念專注的狀態下，必須謹守而不可鬆懈的太極拳身體結構須知。

一、頂頭懸

「不會頂頭懸、白練三十年」是句古老的諺語。下巴俗稱小千斤，臀部俗稱大千斤，有人稱「千斤墜」是指兩處同時鬆沉後，將對手來勁的力道引入腳底（須配合聽勁作用），就不易被對手拔根；亦有人說「脖子貼領子」（想像將後頸輕貼衣領），而一般都是說收下巴而已，可不管如何的形容，重點都是頸部除了頂頭懸的姿勢外，還不能過度僵直。

頂頭懸的意念若無法集中，整趟拳的運行就容易渙散，所以又有虛靈頂勁之說；虛靈是放鬆的感覺，但頂勁非指用力頂，而是把頭頂的百會穴想像成一個支點，也是身體結構中必須思考的第一個支點。建議初學者從站樁先去體會頂頭懸的意念要領，進而到練習套路時較容易水到渠成，亦不會有打一輩子空拳的感覺了。

頂頭懸另一項的作用是要讓精神提起時，同時能運用脖子和肩膀的肌肉群（豎直頸部會自然出

現的繃直狀態，但非刻意為之）。因為當脆弱的下巴受到攻擊時，可依靠訓練過的脖子和後背肌肉群來減緩衝擊力，不至於扭斷頸椎，並減輕腦部的衝擊震盪；所以豎直頸椎後，再放鬆脖子的肌肉群，就能夠保持頂頭懸的虛靈性；但是不可過度將頭上頂，或刻意的收下巴讓肩頸變得僵硬，否則容易引起血壓上升，導致暈眩的狀況出現。

頂頭懸除了成為維持中定所必須的條件之一外，在精神上亦有相當大的凝聚作用。練拳的意念一開始就必須讓精神提起，然後是各種靜態功架的意念運用，而所謂意念，初學者不必想得太過玄妙；意念就是指人的注意力，也就是專注力，專注力集中在那裡，意念就集中在那。套路因為必須專注的要領非常多，才需要一招一式的去體會；人沒辦法一心多用，所以初學者在練拳時，應該先一心一用，先將專注力（意念）放在一個要領上（例如頂頭懸），等過了一段時間，再將意念放在另一個要領上（例如沉肩墜肘），如此循序漸進的反覆練習，自然能在多年之後，將所有意念要領都統整起來，而毋須刻意的再去專注在任何一個要領上，也就是「有意無意之間」的功法展現。

頂頭懸在推手的運用上，可讓功架整勁的支點

變化到頭頂，從而讓身體變得更為放鬆。例如當對手勁道推來時，頂頭懸的意念可加強身體保持中定的慣性；倘對手以散打方式攻擊頭部時，亦能讓頭部瞬間警覺閃避，故頂頭懸的要領在武術技擊攻守運用上，也有極大的作用。

二、沉肩墜肘

　　沉肩係指肩膀的鬆沉，但要如何放鬆它，則必須長期以意念去專注肩膀的放鬆，且不可將「沉」解讀為重、僵或壓；一般人的肩膀都容易僵硬，但在經過長期讓肩膀放鬆的意念和動作訓練後，就有辦法體會沉肩的確實內涵。舉例說白鶴晾翅、玉女穿梭等手掌上揚，大臂舉起的招式，雖然手掌會舉至額頭上方，肩膀亦隨著姿勢上提，這時肩膀的意念還是必須鬆開的，不能刻意為了「沉」肩去壓迫它。

　　初學者在練習鄭子太極拳時，大多會有肩膀僵硬的感覺，此時建議可將肩膀鬆開，用意念去想像肩膀上平放著一根扁擔，但這只是意念上的一種想像，為的是養成肩膀平衡的慣性，而不能有刻意往上扛起物品的想法。有時意念（專注力）的用法，若能以具象化的方式來思考，可以幫助身體較為快

速的訓練出功架的穩定性和完整性。

　　沉肩的感受其實有肩關節和肩窩二個位置。肩關節屬於3D立體活動的關節，放鬆後能夠上下前後左右的旋轉，而肩窩則是固定位置。訓練沉肩的正確思考方式是將肩關節完全鬆開，二處肩窩的點則必須與腰胯兩個點合成垂直線，方能真正讓身體的結構穩定住。

　　墜肘係指手肘意念的鬆墜，肘關節的外開或內收，均會牽動肩膀至後背肌肉群的伸展。若手肘過度外開，在施展推手時會出現因功架過於開展，而無法緊密的防守自己身體的狀況；而手肘的過度內收，則容易發生手臂僵硬或出現靈活性、伸展性不足的情形。是以最適當的肩肘狀態，是在鬆肩墜肘的功架上，讓腋窩和身體還保有一拳寬的距離，這能使手肘和大臂在肩關節放鬆後更容易靈活轉化而不僵滯。

　　沉肩墜肘在推手的應用上必須保持鬆活，肩肘關節的固定撐開，在發勁時雖較容易讓身體的勁道完整的送至手掌心而不會中斷，卻也有可能因此讓肩肘變得過於僵硬緊繃。肩膀和手肘的鬆，是走向柔化的第一步，肩肘腕的關節不鬆的話，兩隻手臂就無法訓練出更敏銳的聽勁。真正高明的聽勁是讓

對手察覺不到你手臂的任何力量，就被走化開來，然這需要經由長久的推手訓練才能達到，非由自己將肩鬆開或肘往下墜就可以。

三、鄭子美人手

美人手在鄭子太極拳的動作要領中是相當重要的，這個論點較之其他太極拳法有些許不同。美人手係指手掌的自然舒張，不緊閉、不外張，掌與手腕呈現微曲的弧度；而保持美人手的姿勢時，必須將意念專注於指尖（意貫指梢）和掌心的勞宮穴二處。

意貫指尖在此必須提出說明，很多人常在練拳時，將自己體認的「鬆」想像成完全不出力，只要全身放鬆就好，殊不知這樣反而很容易連意念都給懈掉了。所謂意到、氣到、勁到，三種本為一體，保持美人手不讓手掌捲曲，就能將意念送到指尖，長時間下來，氣血就容易送達指尖，亦有助改善末梢神經氣血循環問題。雖說一開始要保持美人手，會有手掌僵硬的感覺，然這是必經的過程。不知功法上的緊，亦不可能知功法上的鬆，意氣貫注在指尖久了，自然能在有意無意之間都保持美人手的狀態，這是因為慣性已經養成，所以要改變人的用力

習慣，非日久無以成之。

美人手的指掌用於推手時，有「沾」、「問」、「打」的意念。沾是以掌心輕貼對手衣服或皮膚，不施加力量，純粹訓練聽勁，這種方式可以讓對手不知你的手掌輕重，進而不知該如何走化你的手法。而問的意思，就是指透過接觸點，去感知對手勁道的大小、方向及僵硬點。雖說全身都可用「問」的方式訓練聽勁，但知敵的首先接觸點，還是以手掌為先，其餘全身上下為輔，故只要美人手夠鬆，便能訓練出敵不知我、我獨知人的手掌聽勁功夫，然這僅是聽勁的入門功夫而已。打則是化打的運用，因為手掌的鬆能讓出手的速度變快，亦可在擊打的瞬間變化成拳，一手化、一手打是推手上經常運用的方式，故美人手外形姿態的鬆，在其實質內涵上是為瞬間擊打和擒拿做準備。

手掌敏銳度須靠著時時刻刻意貫指尖和勞宮穴來訓練，是以美人手也可說是拳掌功夫的預備姿勢，在運用時不可拘泥，時而變拳、時而變掌，舉凡擒拿手、掌底攻擊、手指攻擊、變拳擊打等等，均可因敵變化，聽取得機得勢之時機。

四、含胸拔背

含胸拔背的動作若是理解得不對，就容易形成彎腰駝背的現象。所謂「含胸」和「扣肩」在外形上看起來並不容易區分，但「含」字有放鬆的意思，而「扣」字則是有稍緊的意念存在，兩者都是為了保持兩肩結構力的完整性，避免力量散開的做法。我則認為初學者應以扣肩為先，讓身體感受和記憶住兩個肩膀內合之後，胸腹之間的整勁，再緩慢將胸口放鬆，就能體會胸腹間似鬆非鬆、似緊非緊的感受；此時胸腹之間的敏銳度和感受力就會提升，才能進一步體會含胸在體用上的作用。

所謂「拔」係指上下左右撐拔開來，其實這是搭配頂頭懸、含胸及收尾閭等動作而成；讓整個背部撐拔後，能統整上半身（胸背、丹田、兩手及肩膀）的力量，加上收尾閭的意念（統整腿部、臀部的力量），就會整合出全身的整勁，也就是「兩腳交換在尾閭、兩手交換在夾脊」的意思。是以，單就每個功法要領而言，並沒有辦法讓全身整勁完全發揮出來，必須所有功架要領齊備之後方能為之。

「肩與胯合」與「含胸拔背」的意念是一起訓練的，含胸有鬆胸的感覺，此時兩肩（肩窩）與兩胯（髖關節）四個點，就必須注意其有無整合，

否則只有單純胸口的放鬆，而無肩胯功架的維持，鬆將變成懈，而無法運用含胸走化的功夫。前有含胸，後有拔背，是在訓練推手時非常重要的運用觀念所在，也唯有統整前後的意念，才能將上半身的整勁走化發揮到極致。

　　當意念放在含胸拔背去做推手走化訓練時，要注意當對手的手掌一接觸到胸口，便要讓胸腹間接觸點放鬆，此時來力會轉移到體內的結構力上，這可避免對手突然發勁時，自身卻無勁道可供防禦或引開對手來力。換句話說，如果胸口過於僵硬的話，反而容易被破壞身體的結構力，也就是說含胸拔背在意念上雖都還是處於「鬆」的狀態，然若無體內的結構力（內勁）隱含其中的話，就容易變成「懈」，這時上半身將失去功架的支撐力，也就無法因應對方強大且快速的勁道攻擊，而同時失去中心和重心。

　　另從發勁的角度來思忖含胸拔背的作用，就是當意念放在「含胸」所發出的勁道，與意念放在「拔背」上發出的勁道有所不同。意念在胸口時的發勁較急促且勁短乾脆，意念在後背時的發勁，則較綿厚且勁長重沉，對手受到擊打的感受就不一樣，而何時含胸發勁、何時拔背發勁，端看得機得

勢而言。

五、尾閭中正

「收尾閭」這動作口號很多人會提到，我認為此和某些術語如「溜臀」、「斂臀」、「尾閭指地」等有異曲同工之效。但除了收尾閭之外，身體的脊椎中直性則必須同時注意，尤其在尾閭微微內收後，命門的位置旁的肌肉群會變得平整，脊柱就不會出現凹陷的現象，這時就能將腰胯的後方力量整合在命門位置。另外在做收尾閭的動作時，肋骨需自然上提（不必刻意吸氣），此時小腹會自動內收（丹田自動提起），此時再加上沉肩的意念，就能將上半身的力量整合起來，所以收尾閭是統整上下功架的一個重要環節。然如果身體前後、上下力量使用不平均，或過度將注意力放在尾閭上，而導致後腰命門處僵硬，這很容易造成僅用後腰的勁道去練習推手，那麼就會因為過度的使用後腰出勁，而導致腰部受傷，此點不可不察。

尾閭中正和頂頭懸兩者的意念相互對應的話（同時觀想兩處），就能夠讓身體更加中定，如此可以穩固身體上盤和中盤的橋樑，讓背後的力量不致渙散。所謂「力由脊發」的感覺，正是兩個對應

點的意念拉撐後，讓後背的力量統整更為一致，而出現背脊發勁或走化的現象；另尾閭的內收亦可讓臀肌獲得較多的訓練，也就是說尾閭翹起時，臀肌的運用將少於尾閭內收時，是以收尾閭方能在發勁時，將臀部肌肉群的力量用得更多，藉以增強勁道。

將意念放在尾閭中正的要領訓練時，亦必須同時配合腰胯的放鬆，讓尾閭和兩胯形成一個三角形的思維。這個三角形的變化在引化對手的勁道上有很大的效益，也可清楚了解自身的重心是否低於對手，但這僅是以意念放鬆腰胯和尾閭，而非刻意蹲低或下坐來拉低重心。

貼尾閭也常被引述為發勁的意念源頭，但這必須是身體已經能夠自然的統整全身上下的合力時才能運用得當。因為當貼尾閭這個意念啟動時，全身上下的結構力（各關節點節節貫穿的勁道）和張力（胸腹腰腿的合勁）必須在瞬間整合在一起，否則若僅是刻意去做貼尾閭這個動作的話，反而容易發生上下斷勁的情況，徒自推腰而無法將全身的勁道聚合在一起。

六、鬆腰落胯

鬆腰落胯除了能讓上下肢體的力量整合得更微細外，也能讓腰胯旋轉的角度拉大，在運用上會出現多方位鬆柔走化的變化，在身體機能上，則能強化筋絡的伸展拉撐，有助於氣血的運行。所謂「鬆腰」係指腰部的肌肉群須放鬆，讓身體的轉動不致僵硬，但卻非轉腰；腰部的運動仍舊應以意念帶動胯去旋動，讓腰隨胯走，不可將肩與胯合的功架給走散了。

「落胯」在外型上指的是髖關節處能折曲向下落插，搭配收尾閭的動作，讓大腿內側肌肉和臀部肌肉作用力更多，讓身形保持中定的狀態。如何做到胯的鬆落？其實當功架做正確時，只要一放鬆，就能感受到身體的重量直接落到腳掌上，也不必刻意的在每一個套路動作中去尋找落胯的所在，因為鬆開就能自然下落，如此亦能感受到腳掌撐上來的反作用力（借地之力）。然此處不易以言詞解釋，尚須由專人指正，所謂「入門引路需口授」，正是需要老師來確切調整身體架構，方不致陷入文字障中。

當鬆腰落胯的要領能清楚感受到後，應注意上半身必須依靠頂頭懸、沉肩墜肘、含胸拔背、肩與

胯合及立身中正等五個意念來維持住功架，也就是結構力；否則在推手時，身體一旦接觸到外力的入侵，無結構力的支撐（內勁不足）或意念反應不及（聽勁不足），身體的中心線將會彎曲，進而導致功架崩潰，根本無法因敵變化。

如何讓身體的走化及發勁發揮得靈活俐落？首要注意的就是要讓胯能夠在對手來勁時迅速的鬆落旋轉，不會僵滯。進一步言，勁道要從腳而腿至腰達到完整一氣的運用，就必須讓全身的關節鬆活，先是瞬間的放鬆（走化），緊接瞬間的繃緊（發勁），才有辦法發出所謂的鬆彈勁；另一方面，胯的鬆落也能讓腿襠的勁道完整一氣的送到掌心上，亦就是腰腿的彈簧勁才能夠瞬間發揮出來。

七、屈膝圓襠

「屈膝」的功能在於訓練腿部彈簧勁的養成，彈簧勁指的是接力抖發的勁道。鄭子太極拳在走功架時，不太做上下起伏的動作，主要是在屈膝蓄養彈簧勁，在慣性上養成能夠隨時蓄發勁道，毋須依靠高低起落較大的動作方能發勁；惟必須配合虛實分清功法，方能鍛鍊出足夠強壯之腿部彈簧勁，否則易因腿勁不足，不能承接過於剛猛之勁道，亦無

法讓整體的勁道更為強大。

「圓襠」係指襠部空間的圓撐之力，為大腿內側和後側（膝窩）的筋骨之力，配合屈膝動作，使勁道更集中於中定之架構，再連結尾閭和夾脊，能將整體勁道束集於一線上，強化攻擊力量。然此時應注意所謂的圓襠，並非專指讓胯下形成一個圓撐的樣子；此所謂「圓」還隱含有動作的圓，也就是在腰腿胯的運轉要圓，勁道隨時在雙腳轉換，忽在前腳，忽在後腳，完全依對手的變化而變化；不可有雙重撐襠的意念，否則容易陷入圓轉不靈活的情形，在對戰上亦容易讓對手使用插踢襠腿法或撩陰手法導致受傷。

屈膝在積蓄勁道時，膝蓋的感覺其實是放鬆的。雖說在鄭子太極拳的套路中，為了訓練更好的腿部肌耐力（須完全虛實分清），而不做上下起伏的動作；但在運用上則不可拘泥於套路的規格要領。套路主要是用於鍛鍊，鍛鍊出意念（專注力）、慣性和腰腿強度，運用上則必須前後左右上下都能有靈活性，而上下的慣性就需靠鬆落胯、膝、踝來靈活運用。

襠的勁道力量會隨著重心的移轉而變化，而重心的移轉是因為腰胯尾閭的移動而產生，尾閭腰

胯的移動則是因應對手攻擊時走化而來（聽勁的作用）；所以說襠的勁力變化還是因敵變化而來，不可自行轉動。在套路訓練時，要求兩腿襠勁能均勻緩慢的移轉，是為了養成慣性，讓腰腿胯的勁道長久積蓄在襠的位置，在運用時方能一觸即發；倘若襠部缺少勁道的鍛鍊，等要用時才想觸發，往往就會出現意念和身體反應的時差，也有可能讓腰腿胯的勁道中斷，無法在同一時間從手掌發出。

八、落地生根

　　落地生根（借地之力）指的是腳掌與地面的相對應關係。當身體在放鬆狀況下，重心自然會往腳掌沉落，腳掌受迫之後，與地面接觸的感受會變得較為強烈。有人說意念應該隨之沉入地底下，讓身體有借地之力，可以形成一個借力使力的支點，這時就會有「生根」的感覺；而有人則認為應該像踩著葫蘆瓢那般謹慎小心地維持敏銳度，以免身法遲滯，這時就僅有「落地」的輕靈感而無「生根」的緊實感。

　　我認為這二種意念均需要鍛鍊。若以演練套路而言，慢架時腳掌沉入地面的穩定性較高，快架時踩水瓢的敏銳度能夠讓身體保持輕靈敏捷；但以推

手來說，鬆沉入地的意念，確實比較能夠借地之力去承受住較大的衝擊力（適用於定步推手），而與地面的輕鬆接合，則比較能夠發揮身法及步法的作用，做出前後上下左右較為迅速地閃躲走化（適用於活步推手及散手）。所以，無論是在練站樁、基本功或套路時，若能以二種意念的方式來鍛鍊，是較能全面發揮所謂落地生根的方式，也就是較能夠因敵變化來使用「落地」或「生根」的方法應敵。

另外，當意念落至足掌時，會感受到一股反作用力從地面接觸點撐上來，此種作用力撐起後所感受到的，並非身體的肌肉力量，而是體內筋骨的結構力，也就是只撐起筋骨（體內功架結構），肌肉仍舊是放鬆的狀態。如此的意念思維，會出現肩胯向下鬆沉（沉肩、落胯）但足掌及大小腿肌群向上緊撐的上下矛盾力，以此能讓上半身（身法）的活動更為輕靈，保持鬆而不懈的狀態，而下半身（步法）更敏捷。最後再將意念專注於丹田處，運用核心肌群和腰腿襠勁，就能發揮出全身上下最大的聚合力（整勁）。

椿法訓練要領

　　椿法結構是「知己」的功夫，亦即所謂的功架訓練，而全身結構力的訓練方式，在武術上的說詞又稱為「整勁」。簡而言之，要能讓身體的力量、速度、爆發力發揮最高的效率，就需要將全身的肌肉和筋骨的結構統整在一起，在擊打、走化的剎那，接觸點上的碰觸，全身的氣勁若能完整為一，就能發揮最大、最有效率的作用。亦即，攻擊上若能將全身勁道集中合在一個點上，其破壞力當然比只用單一手腳的力量來得強大。所謂快是走（閃躲對手的拳腳攻擊），慢是化（沾黏對手施展摔拿），在走化上，身體的關節若能做到節節鬆開，就能增加身法、步法、纏絲手、螺旋勁等等的靈活度；是以要瞬間完成全身肌肉筋骨的放鬆（開）和統整（合），就必須先讓身體能清楚感受到筋骨合成的功架，也就是強化身體結構力的存在意識。站椿時要能時時刻刻都清楚明白體內每個關節點的作用，因為外型上停止不動的椿功，在意念上卻是無時無刻在感受著太極拳所有的功架要領（頂頭懸、

沉肩墜肘、含胸拔背、鬆腰落胯、屈膝圓襠、落地生根等），正是「靜中觸動動猶靜」的道理。

以下先介紹幾則太極拳樁法的訓練要領，希望能逐一引領學習者藉由樁功的訓練，將身體功架的細節統整起來，以完成整勁的鍛鍊。

一、渾元樁

樁功為練拳者一開始必經的階段，鄭子太極拳的渾元樁功法要領為：兩腳踩一肩寬平行步站立方式，膝蓋微屈（以膝蓋不過腳尖為準），雙手虎口交叉，掌心貼置小腹處，意念逐步觀想功架內部結構要領；一開始可以從頭頂至腳掌逐步感受全身結構的整合狀態，或從腳掌至頭頂逐次返回等交錯方式訓練，然須注意以「鬆」的意念去練習，呼吸採取自然呼吸，一切以意念內觀為主。

有些人練習渾元樁，會習慣將呼吸要領帶入並以為是練氣，殊不知氣功和拳術還是有所不同，故初學者千萬不可用吸呼吐納的方式去學習，一定要以意念為主，不斷檢視自身功架結構有無確實做到，關節上有無時刻放鬆即可，久而久之自然能意念清淨，感受到全身鬆沉入地的感覺。

在渾元樁的階段，能初步培養腿部肌肉群的強

度，很多人一開始大都無法久站，然應天天練習，從五分鐘逐漸鍛鍊至三十分鐘，如此腿力方足夠因應套路要領的訓練，亦方能從中體悟套路內在功架的奧妙。

二、掤手樁

鄭子太極拳的掤樁，亦即左右掤手的姿勢，步伐為弓箭步，兩腳距離為「一肩寬、一步遠」，前腳弓腿，膝蓋不過腳尖，重心保持前七分後三分，將一手平舉在上胸高，掌心朝內，保持沉肩墜肘姿勢（切記肘不可抬起，須放鬆微微下墜），另一手則掌心向下，指尖微揚，放置大腿旁（有下按的意念）。

掤樁不代表練就掤勁，在功架而言，掤樁是進一步的強化弓腿架構上的腿部肌耐力，並在後腳放鬆的狀況下，能夠有意念沉入前腳的覺察。這樣的覺察在推手作用中常被使用到，例如遭人拉、扯、採、捋的時候，身體能迅速地做出勁道沉入前腳的反射動作，霎那間能維持身體的重心不被破壞；另一方面鬆開的後腳仍能維持靈動性，隨時能跟隨對方勁道做身體移位的變化。

就手部而言，沉肩墜肘讓手掌與胸膛保持一定

的距離，在推手時亦要保持如此意念，雖說各路手法千變萬化，但肘與掌能夠護住中門不因過度鬆軟而被欺入中線，是一個很重要的觀念。

掤樁一開始的重心分配，前腳站七分力，後腳站三分力，但可以隨著功力日漸加深，讓前腳站八分或九分力，後腳隨之變化為站一分或二分力的功架去訓練；然仍須注意肩、胯、膝蓋的放鬆，不可用兩腳去頂撐地面，時刻要有鬆沉入地的意念，因為身體愈鬆，腿部承受的重量愈大，也愈能成就高強度的彈簧勁。

三、單鞭樁

單鞭在腰胯和腳步的姿勢方面和掤手相同，但手部則不同，以左腳在前、右腳在後來論述，左手往前伸出，掌心朝前，手腕位置約略與肩齊高，手肘墜肘不打直，右手平舉微墜肘在身側，五指併攏扣腕呈刁手狀，同樣右手腕位置與肩齊，兩手與身體約呈90度角。

腿部的訓練方式同掤樁，在此不再贅述，而單鞭動作有「吊膀」的意味，肩膀在放鬆（沉肩）狀態下，要能維持兩手臂的開展，兩肩的筋骨力量就能運用上來。一段時間後，若是肌肉痠疼，就表示

肌肉未鬆；若是肩部關節痠疼，表示關節處的筋骨力量不足，但肌肉已能放鬆。

單鞭這動作對於肩膀的鬆開有很大的幫助，細心體會能夠更加瞭解在如此開展的架構下，肩膀、背部和腰腿胯的對應關係。鄭子太極拳的套路中，單鞭這個架式最為開展，手向外的延伸較之其他動作要遠，也可以說是將身體結構的圈外放得最遠位置。從武術角度來看，這也是自身能攻擊的最遠有效距離，再遠就可能會讓身體的結構出現不穩定；長期感受自身放長擊遠的最有效位置，一方面能讓意氣勁走得遠，另一方面能讓身體記憶住自身「圈」的範圍（手的有效攻擊距離感）到底有多大，讓整個圈內的身體感受臻至更微細的境地。

四、川步椿

此椿是以鄭子太極拳套路中「提手上勢」的動作要領做為站椿姿勢，其站姿為先將重心移至單腳（實腳），另一腳（虛腳）上半步，兩腳約半肩寬或一拳寬，然後虛腳以腳跟沾地（意念如踩雞蛋），讓兩腳完全虛實分清；雙手姿勢則配合腿部動作，例如：重心沉坐在左腳上（實腳），右腳為虛腳時，右手立掌掌心朝左，手肘彎曲，手腕齊肩

高，左手亦是立掌掌心朝右，位置在右手手肘旁，兩手距離約半肩寬，待實腳支撐不住後，便將虛腳收回，兩腳再互換虛實，此時應注意虛腳膝蓋不可打直，仍須彎曲。

提手上勢為鄭子樁功中最嚴苛的站法，建議須腿力達一定程度再去訓練（如渾元樁已可站立30分鐘），或是由指導老師循序漸進的教導正確姿勢（先從2至3分鐘開始站起），以免身體強度尚差之人，強迫自己訓練此樁法時，因肌耐力的不足，導致膝蓋受力過大而受傷。另從意念而論，此樁法除了注意身體內部的結構要領外，尚需加強注意落胯及收尾閭動作，腰胯如果向前浮起，身體就會後仰，相對的腰胯過度後收，身體就會前傾，兩種姿勢都會造成架構的不穩定，若是長期未經調整的訓練下來，就可能對膝蓋造成傷害。

川步樁的功法，對於身體「中定」（意念從頭頂百會穴順身體任督二脈垂直線朝下通過大腿內側肌肉群，到達足弓湧泉穴之中心虛線的整勁感覺）的覺察和虛實分清的體悟，有相當大的幫助，不過能耐住性子站樁的人，目前來說已不多見。

有關樁法的訓練於此要稍微解釋一下坐胯與落胯之別。坐一般有坐板凳的意思，坐胯有些人引申

為坐在大腿上的感覺，若加以蹲坐的意念，在外架上身形會較低，訓練起來較為辛苦；而落胯在外形上與坐胯極為形似，但形似並非神似，落有鬆落的意思，坐胯會讓人覺得下盤較為僵硬，支撐力多，落胯就須兩胯及尾閭三個點全然鬆開，讓全身從胯再往下鬆落到腳掌上。簡而言之，坐胯與落胯為意念鬆緊的不同，落胯方能引化對方來勁至襠和腳掌，坐胯則較易使用腹部、後腰及大腿勁道，兩者形同意不同。一般訓練學生應先為坐胯（加強腰腿強度及穩定功架），再到落胯（鬆彈靈活運用）為宜。

單式訓練要領

　　「練拳不練功、到老一場空」，指的就是基本功的鍛鍊，亦是練好太極拳至為重要的一環，也等於是武術功法所必修的「築基」過程。如果略過或輕忽基本功的鍛鍊，僅追求高度協調的套路優美感，或是單純為了推手而去強化身體的肌耐力和爆發力，那麼還是容易以局部肌肉力量去表現太極拳功法，而無法確實體驗太極拳鬆柔沉靜的核心內涵。如此長久下來，自然會對太極拳產生「不過如此」的誤解，而導致無法再向前進，甚而否定「鬆」能用的可能性。

　　練好基本功方能知道如何在肌肉放鬆後，還能維持穩定的體內結構（功架）。基本功的鍛鍊原本應該是習拳者最初的練習方式，但如今學拳者的心態已改變，大家只想輕鬆學太極，放鬆學太極，而忽略了學習太極拳和比劃太極拳是不同的，兩者對身體健康程度的營造，也極為不同。基本功的鍛鍊其實是一輩子的事，身體對功法的記憶會與日俱增，且隨著本身功力的增長，對套路的體悟也會有

所不同。

從站樁開始到單式的訓練，都是基本功的範疇。站樁為靜，單式訓練為動，以站樁所養成的功架結構運用於單式訓練後，便能將功架結構內化到身體動作上，這也是太極拳體用慣性養成的第一步。

一般人開始學習太極拳時，一定會依著自己以往的動作慣性去做，而單式訓練就是要先改變身上舊有的動作慣性，讓身體的手腳腰腿胯達到高度協調和一致，以便能讓身體發揮最大的效率（最有效的運用）和最小的傷害（把意外帶來的傷害減至最低）。是以，從單式訓練入門學習太極拳，比較容易改變舊有的慣性動作，也能為接下來的套路練習，先預習了太極拳肢體語言的特殊性（身法、步法、手法的一致和協調）。

現代人能夠耐住性子去訓練基本功者已寥寥可數，養生成了首要練拳的目標，殊不知若真要身體健康，適度的基本功鍛鍊，反而能讓養生效果更為顯著。不然，若只是日日比劃著太極拳，而不去深思用功法來鍛鍊身體，那麼太極拳的運動效果，不會比其他有強度的運動有效。

一、雙按掌

雙按掌簡單而言，就是將太極拳「按」這個動作反覆的施展。這個動作類似形意拳的「虎撲」（雙劈掌），也與大八極拳的「推窗」雷同，但形似不等於神似，每種武術功法因為運用概念上的不同，會出現心法要領的不同（意念運作的不同），可是身體內部結構卻是大抵相同（整勁的要領）。

「按」的功法要領，一開始須時刻注意雙腳重心移動的變化。腰腿勁的轉化應是用心感受雙腳前後支撐力的均勻變化，不可忽然將勁道完全推至前腳或鬆落至後腳，須用心感受雙腳每一分勁道的移轉變化，久之就能感受到腰腿胯中的「襠勁」來源。另「手掌即是腳掌」的觀念須建立，雖說勁道是從腳經腿腰至手掌，但「完整一氣」不可斷續才是主要的功法重點。此一動作雖然簡單，卻可透過意念將身體全身關節串連起來；往前按時，會出現筋骨節節貫穿的感受，往後坐時，則會出現筋骨節節鬆開的感覺；訓練久了，對整勁（完整一氣）的體會將有相當大的幫助。

訓練時另須注意腰胯在前後水平移動時，身體的中軸線仍須保持中定，若說腰胯為水平移動的船隻，那麼脊椎則是船桅，要隨時保持脊椎的中直性

和腰胯的平移性。平移性即指雙掌往前按去時，腰胯不能有起伏，亦即重心在轉變時，有水平拉鋸的感受，速度上且要求緩慢均勻，方能訓練出高強度的腰腿肌耐力。

「按掌」在推手的運用相當多，當和對手接觸時，掌心的觸感一定要和身體的功架串連在一起（同步思考），如此，掌心的動作（化拿打）就能跟身體的結構有所對應，例如要發拔根勁時，手掌心會對應上腳掌和腰腿；要發水平勁時，會對應腰腿和背脊；要發入地勁時，則會對應頂頭懸和肩背。是以，雖然雙按掌的動作相當簡單，但是意念的內涵卻是無比豐富的。

二、踹腳

踹腳這動作，若以站右腳（右金雞獨立）為例，腿部動作為左大腿抬平，膝蓋彎曲，左腳踝放鬆，左腳尖下墜與左膝蓋垂直在一線上，重心完全落在右腳上，右膝蓋微曲。手部動作為：左手提至上胸高，掌心朝前，右手握拳置於右腰側，第一動右拳變掌推出前按，同時左腳腳跟向前踹出，左掌隨之變拳收回置於左腰側。第二動將右掌變拳收回置於右腰側，左腳同時收回，左拳變掌同時推出前

按，此二動反覆練習即為踹腳，反之單腳站左腳時亦同。

練習踹腳動作時，應注意身體功架（結構）的穩定性，腳往前踹出力時，身體仍應保持中定。此招以「踹」的意念為主，主要是攻擊對手膝蓋的高度位置，與蹬腳（攻擊對手腹部）或分腳（撩陰、前腳掌攻擊）不同，所以毋須將踢出之腳完全抬平，然應注意踹腳時，膝蓋及腰胯均須放鬆，腳踹出時膝蓋不可下沉，仍應維持水平，此為訓練較高難度的慣性，在運用時就不能拘泥於此。

另腳掌踹出時，腰胯有略為向下鬆落沉墜到腳掌的意念，也就是雙腳的腳掌互為拉撐，勁道同時有向前（虛腳）和向下（實腳）的覺察。此動作主要在訓練身體的中定性，還有可強化實腳踩地時，腳踝及腳掌的穩定性和支撐勁道，慣性上亦會加強身體往下沉墜紮根的感受。此招之運用為「暗腿」的作用，亦即在和對手近距離互攻時，還能迅速出腿攻擊對手膝蓋，令其失去戰鬥力，因為動作小，對手不易警覺，故稱暗腿。

長期訓練踹腳的動作，亦可強化單腳站立招式的穩定性，如左右分腳、轉身蹬腳、轉身擺蓮等；另練習時除了思考身體的穩定性之外，亦可去感受

虛腳踹出時，虛腳腳掌的意念除了與實腳連結外，還必須能和身體的功架（結構）相對應。一旦能做到腳掌與身體整個結構連結時，身體結構將成為紮實的基座，而當腳掌踢擊到對手時，不致於因反作用力而讓身體失去平衡。

三、單腳雲手

　　單腳雲手的訓練，以右腳當作實腳為例，在預備姿勢時，兩腳腳跟併攏腳尖外開約60度角，先將重心完全落至右腳上（實腳），右膝蓋微曲（膝蓋不過腳尖）；左腳往前上一步，前腳掌沾地為虛步（兩腳應虛實分清），兩腳距離約半肩寬、半步遠。雙手掌心朝內，左手掌在上（上胸高），右手掌在下（小腹前方）；向左轉動時，左手掌變為俯掌（掌心朝下隱含「採」的意念），右手掌變為仰掌（掌心朝上隱含「刺」的意念），腰胯轉至身體朝左前方45度角為止；接著雙手上下交換後，開始向右轉動，轉至身體朝正右方為止，如此反覆利用單腳為重心做旋轉動作，即為單腳雲手，反之重心落在左腳時亦同。

　　單腳雲手的訓練除了能迅速強化腿功之外，另一重點則為「開胯」的訓練。倘若腿力不足，要

能將胯完全鬆開，做出左右旋轉的動作並不容易，初學者常因腿力不足的緣故，只能夠轉腰而做不到轉胯，這時就會出現肩與胯的勁道沒辦法整合的情況，也就是說肩膀已經轉動，但胯卻沒有絲毫動作。然對初學者來說，要求把動作做到完全正確，其實是不太對的，畢竟腿功也是需要緩慢的成長，並非一昧的要求高強度或難度的訓練，有時揠苗助長反而傷了身體。

再從功法上來探討，腰胯轉動時，身體仍須思忖中定是否還在，甚至可將意念放在中軸的旋動，兩胯只是放鬆跟著中心線被帶動旋轉。這時再將身體鬆沉的感覺，以螺旋方式從實腳旋入地面，但須注意實腳膝蓋不可晃動；而身體若是愈放鬆，則腿部承受力量愈大，意念可藉由感受中心線的轉動，逐步從足弓、大小腿內側筋絡，沿尾閭直上脊椎至頭頂，一點一滴的覺察身體勁道的變化。久而久之，中定的旋轉慣性就能養成，在推手上有助加強腰腿胯走化的靈活度和強度。

要能在接招的同時，做到走化順轉是不容易的事，身體本身的內勁（筋骨合力）須足夠，聽勁的程度也要能搭配得上，再加以身體有意無意間的自然反應（反射動作），才能讓接截勁、接化勁出現

作用；所以單式訓練可以養成身體最簡單而有效的攻擊走化慣性，進而發揮武術的技巧。

第四節
套路訓練要領

　　初學太極拳者大多以養生為目的，所以一開始就從套路練習起。雖說直接從套路學習的話，能較快習得太極拳的完整打法；但許多人反而常因此出現對太極拳信心不足的問題，例如記不住動作產生挫折、運動強度不足，感受不到身體有何改善，或是練了很長一段時間，卻完全感受不到功法的內涵等等，最後就放棄了。所以本書就是希望建立更完整的太極拳訓練觀念，讓普羅大眾都能感受到太極拳的核心內涵，讓這門傳統武術運動能持續薪火相傳下去。

　　套路是以樁功的功架和單練的慣性為基礎，進而發展出拳腳的動作；若是站樁（靜態）和單式訓練（動態）不足，套路要不斷精進就不容易。在學習套路時，除了外在手腳的協調動作外，從不動到動的過程中，都要時刻留心功架的結構力是否有鬆懈或散開的情況，也就是說整體的鬆和整體的勁，會開始交錯出現。整體的鬆在於能夠瞬間走化，讓全身在維持平衡的狀況下，保持輕靈鬆活的速度；

而整體的勁則在於能夠瞬間整合發勁，讓全身在聚集力量的剎那間，發揮擊打彈發的勁道。故太極拳的學習進程應為基本功、套路、推手、散手、兵器，但若僅是想體會太極拳所有的內涵，而不做格鬥上的思維的話，練至推手階段，其實就能一窺太極拳體用的全貌了。

拳經拳論是前人匯集而成的太極拳智慧之語，其中所敘及的功法觀念博大精深，絕非寥寥數語能夠說得清楚。以下幾節說明，只是重點式從幾個面向提出套路訓練的觀念和要領，並藉以讓學習者思忖套路運行時的訓練方法和身體的感受，希望能幫助學習者更有效率的快速提升身體強度和協調性。

一、平胯走步

前文有提及鄭子太極拳在套路演練間，甚少起伏動作，除單鞭下勢及進步栽捶為較大的身體下落動作外，其餘動作大多以走平胯為主。所謂平胯，意指將前面述及的功架（樁功及基本功的內涵），進行水平的位移變化，以能強化鍛鍊腿部肌肉群的力量（訓練下盤）。

鄭子太極拳對於下盤（腰腿胯）的要求非常嚴格，少了上下起伏的動作，加上緩慢均勻的速度

及完全虛實分清的感受，將減少腿部肌肉放鬆的時間，久而久之，自然能養成強度極高的腿胯彈簧勁道。

亦有人誤以為平胯走步在實戰動作中，將影響身法的起落和變化；但觀諸甚多格鬥技巧，過大的動作若未能配合觀察對手的攻擊，加上「步隨身換」的要領，徒自上下起伏，不僅容易露出破綻為人所乘，還會加速消耗自身的體能。

在整趟套路進行平胯訓練的過程中，除保持身體的中定外，兩胯的放鬆至為重要。將意念擺放在腰胯時，不論重心位移在那一隻腳上，兩胯均須放鬆；一旦徹底將胯放鬆開來，腿部必須承受的重量也就愈大，腿功的訓練強度也就愈高，同時髖關節的損害也將減低；若強行運用腰胯力量久了（過度緊繃），將對髖關節有所損害，此點不得不察。

平胯走步除了練習時的方法及要領外，在功法上仍須謹慎專注在胯的鬆沉，在前述雙按掌的要領中有提到身體重心在轉移時，必須一分一分力量去感受，亦即兩腳重心必須緩慢的交換；而當意念放在套路的平胯走步訓練時，就必須清楚的去感受前弓腿、後坐、上步、退步、轉腰胯等等的動作，亦要以緩慢均勻的速度去覺察兩腳勁道交換的時機，

此時若能更深入的體悟出「兩腳交換在尾閭」這句話時，就代表腿功已有了相當不錯的火候。

二、立身中正

　　對於身體是否有立身中正的感受，其實在訓練樁功時，就已經開始覺察，前述的頂頭懸及尾閭中正，即為立身中正的覺察基礎。此處就必須提及身體中心線的重要性。身體的中心線是必須先以意念去「虛擬」出來的，在前就是人體經絡中的任脈（簡言之，即從會陰穴向上經肚臍到咽喉，再上行環繞口唇進入雙眼），在後就是督脈（簡言之，從小腹向下經會陰穴，後行從脊柱上行至頭頂，再沿前額下至鼻柱），是以中心線的思考乃以任督二脈為主；而因為氣脈並不容易被確切的感受到，學習感受出中心線時，會以督脈也就是脊椎的垂直感受為先。

　　鄭子太極拳相當強調立身中正的要領，在太極十三勢（掤、捋、擠、按、採、挒、肘、靠、前進、後退、左顧、右盼、中定）動作的演練當中，立身中正即為中定的要領所在；亦即在訓練套路套路時，須時刻保持尾閭中正和頂頭懸，萬不可有前傾後仰出現，長期去感受中心線的存在，也會改變

人的動作慣性，亦較不易發生跌倒的情況。講述到此，就必須說明中心和重心的不同，中心即指此處所言的中心線（不具重量的身體中心垂直線），重心則是身體重量的承接處。一般而言，當背後的中心線（督脈）與左腳腳跟合為垂直線時，重心就會在左腳；反之，重心落至右腳時亦同，這也是覺察虛實分清的一項方法。然套路演練中，中心線與重心並不一定垂直相合，弓腿前七分力後三分力時，因為重心的七三分，所以中心線位置就會在近七遠三處；如此說明可讓習拳者清楚中心和重心之別，也可解釋推手時，為何破壞的是身體的中心線（平衡的縱軸支線）而非穩固的重心處（接發勁道的力點）。

另在練習立身中正要領時，功法上應時刻感受的是脊柱（督脈）的不變，而不是變化，因為萬變不離「中」；太極十三勢均以中定為基礎，在中定的意念下，去思考其他十二勢的變化，亦即在套路訓練下，以中定的不變，去感受其他的變化。但在推手、散手的運用上，中定則會轉為隨著得機得勢而變化，亦就是必須因敵方能變化，故立身中正在訓練與運用上其實是不同的。

除了明白中心和重心之別外，有時「核心」也

是一個重要的平衡要素之一。核心即指核心肌群的運用，在武術上係指丹田（意念於小腹內虛擬出的球體）在套路演練時，是如何運轉作用的，這又是另一項需專門探討的項目，容後再敘。

三、虛實分清

在鄭子太極拳的走架過程中，兩腳的虛實有時為七三分、三七分、五五分等，有時則為全虛全實分，然如何能檢查己身虛實是否已能完全分得清楚？可以在套路定位（例舉：提手上勢、白鶴晾翅、手揮琵琶、肘底看捶等）停住時，試著將虛腳以上下垂直方式，輕輕提起放下。若提腳時上半身還能保持文風不動的狀態，就可知已做到了虛實分清的要領；又或是在套路訓練時，去注意虛步的腳掌，能否以一個「沾地」（腳掌輕貼地面）的意念來進行訓練，亦是體察虛實分清要領的另一種方法。

「招招式式暗藏一腿」是此要領的攻擊觀念，簡言之就是當步法在虛實分清狀態時，虛步要能隨時起腳攻擊對手，實步則能踏實地面保持身體結構的穩定（避免擊中對手的反作用力影響中定狀態）。其實在套路訓練裡，每一招的轉換都隱含虛

實分清的意念，不是只有招式定位時，才需要注意虛實分清，因為每一次的虛實分清變化，就代表著一次腰腿勁道的變化，勁道的感受從來不會消失，只是會在兩腳間互換而已。

　　鄭子太極拳的套路高度，一般來說以中架為主（後膝窩彎曲不超過45度，前膝蓋垂直線不超過前腳掌及腳趾間合處），但在年紀稍長之人或下盤強度不夠之人，仍應先以練高架為主（後膝窩彎曲不超過30度，前膝蓋垂直線不超過腳背），再慢慢隨著身體強度練至中架位；但不打低架位（後膝窩彎曲近90度，前膝蓋垂直線與腳尖齊），因為低架如果跨步過大，要能完全虛實分清，其實並不容易做到，在實戰運用上，反而容易造成身形的不夠靈活。惟有些套路運行低架是為了強化腿功，適合年輕人的訓練（氣力回復能力較快，乳酸代謝能力較佳），但對年紀稍長者較不適合，畢竟年長者肌肉筋骨的回復力是不如年輕人的，而高強度的肌耐力訓練常需要一、二天的恢復期，所以年長者在訓練太極拳時不可操之過急，而忽略了休息的必要性，反而造成筋骨、肌肉的損傷。（睡眠及大量喝水可加速代謝乳酸，增快回復能力）

四、邁步如貓行

貓在走路的時候，會讓人覺得輕鬆靈活，這種行進方式在太極拳上的表現，就是讓腳掌在行進時，有「沾」地而行的意識。故在走套路時，腳掌上的意念一樣要養成先沾地後鬆沉的習慣，不能在進退步時，倏地讓腳掌笨重的踩落在地面上。這種訓練方式主要就是要讓身體保持一種輕靈的慣性，在虛實轉換間，實腳落地生根，虛腳輕靈沾地，二腳分別具備一輕一沉的意念，方能讓身法及步法運轉得更為靈活。

除沾地的意念外，鄭子37式整趟套路在運行時，必須做到均勻如流水般趨近於等速的要領，等速實為行進間整勁的必要條件，要做到靜態功架（站樁、單練基本功）的整勁容易，但要在行進間還能夠保持整勁的運行並不容易，這需要長期的訓練（時刻覺察身體功法要領）方有辦法感受到周身勁道的完整運行。

動作如流水般均勻，其實還有另一個意涵，就是讓鬆沉的勁道順著地表而行，以能達到借地之力的目的，然此為純乎意念的作用，僅作為參考之用。畢竟每人對拳的體悟不同，做到均勻是一種訓練過程，為的是更了解手眼身步法的統整運行方

式，然在應敵的時候，仍須因敵變化而變化，快慢均不拘泥於心。

邁步如貓行除了訓練步伐的輕靈之外，貓的神韻、呼吸其實也是另一個重點。安靜如貓的神韻及若有似無的呼吸，都能讓習練套路者慢慢靜下心來，從心理及意識層面去學習貓的神態，即為「形如搏兔之鶻，神如捕鼠之貓」的意思。這種精神上的涵養，能消弭許多粗暴的外相之氣，逐漸轉化習武者氣質，內固精神、外示安逸。

五、上下相隨

人的上下部位，係以腰部為上下之區分點，上下能夠相隨，整體的勁道才有辦法從腳掌節節貫穿至全身（借地之力）。但要如何檢視自己是否已達整勁的階段，必須要在推手中去體驗，這裡先不作敘明，容後篇再述。

外三合所謂的「肩與胯合」、「肘與膝合」、「手與腳合」，其實就是上下相隨的另一種說法。故鄭子太極拳強調每一動作皆從腰胯的意念帶起，同時送達手掌和腳掌，一動無有不動，一靜無有不靜，說是「送達」其實在時間上講究的是同步，但在意念上卻還是必須從腰胯和身軀作主導。簡言

之，當專注力放在腰胯的運轉時，在意識上腰胯就變成了主動，身體的其他部位就變成了被動，全身上下都被腰胯所牽動，這主從之別也道出了「湧泉無根腰無主，力學垂死終無補」這二句太極體用歌的意思。

從平胯走步的訓練開始，就必須養成腰胯運轉的專注力，而上下相隨可視為平胯走步要領的延伸，先能感受到腰胯平推時，經由胯膝踝的意念貫穿，感受到腰腿勁道的鬆沉入地後，再將覺察力往上延伸至肩肘腕以及脊椎至頭頂，如此，就能同步貫穿上下的結構力，完成上下勁道的整合。所以，上下相隨講究的是全身協調性的訓練，長期透過上下相隨的要領訓練，就能覺察到體內各個關節何時節節貫穿，何時節節鬆開，這不僅能讓套路動作看起來更加流暢，亦能使體內結構力的開合臻於縝密。

六、隨曲就伸

太極拳套路中有關「曲」（屈）「伸」二字的意思，「曲」係指圓弧的路徑，「伸」則為直線路徑。從動作上來說，當腰胯在做圓弧形沉轉動作時為曲，而手臂往前伸直的動作為伸，例如「倒攆

猴」這招式就是轉動腰胯時（曲），手臂往前探去（伸）；以運用上來說，轉動腰胯所產生的螺旋勁道（曲），將隨著拳腳伸出發勁攻擊對手（伸）。

練習套路在思考隨曲就伸的要領時，要注意關節的鬆緊開合，不能以用力旋轉腰胯、使勁推掌或出拳等方式來練習隨曲就伸；反而必須讓腰胯在放鬆轉動狀態時，順勢推掌或出拳。這是身體螺旋勁運用的訓練，目的是讓身體記憶住腰胯走化時（隨曲）能同步出手攻擊（就伸）的高度協調性和慣性動作，若是刻意用力出拳，反而會讓身體僵硬，無法完整的將螺旋勁毫無阻滯的發出去。

「屈伸開合聽自由」、「曲中求直，蓄而後發」及「勁以曲蓄而有餘」等等拳經拳論之字句，皆說明曲直的道理。也就是說，訓練套路的螺旋動作時（中定的旋轉），應同步感受到勁道積蓄的存在，而非完全地放鬆；如此在自由放鬆的狀態下運用推手功夫時（因敵變化），方能同步將蓄積的勁道給發放出去。

若以車輪、車軸的關係來說明「隨曲就伸」這功法，車輪指的是肩（內圈）、肘（中圈）、腕（外圈）三個關節點的位置，車軸則是指身體的中心線（任督二脈的路徑）。當中心線在擰轉時（頭

頂、尾閭、足心合成的垂直線轉動），胸腹腰腿的勁道將匯聚在一起轉動（主動），肩肘腕則隨著身體的轉動曲線而往前接發勁道（被動），這種螺旋勁的慣性動作長期訓練下來，方能在推手時運用出來。

拳經拳論為何每人的解讀會有不同？係因每個人運用的方式不同，所以才有不同的見解，其實並沒有對錯問題，只有對他人解讀的包容力和廣度的問題；只要能巧妙的運用太極拳的功法和技巧來讓對手服氣，並且不會造成己身之傷害者都對。

七、橫豎起落

橫豎起落是一個觀念，練拳首要學觀念，正確的觀念能引導學習者不致茫然無章。一橫一豎，在古代有著一生一死的慘烈味道，豎著就代表直立站定（活著），橫著則表示橫躺於地（死亡）；然在套路的運行中，橫豎分別代表著「橫向移動」和「豎直轉動」的區別；另在靜態功架上，兩肩、兩胯的平橫和中心線的垂直，則代表著身體功架結構的十字勁表現。所以，了解身體的橫和豎，方能清楚感受到身體結構力是如何的存在。

「橫向移動」指的是腰胯在橫向水平移動的過程中，仍能保持前面所述「靜態功架」的所有要領，也就是說結構力（體內筋骨各關節點力量的聚合）仍能保持鬆而不散的狀態。以太極拳動作而言，無論是肘靠或肩靠（身體的衝撞力），若無法統整體內筋骨的合力，撞擊的力道就會減少很多，甚至會失去中心自己奔跌出去；故在套路訓練時，當腰胯做直線、斜線的進退時，務必注意結構力的完整性。例如摟膝拗步：上步弓腿時（側身斜線前進），先有靠勁（橫）的訓練，再接轉腰跨的螺旋勁（豎）訓練。

　　「豎直轉動」在動態功架上，指的是套路訓練時，當中心線與重心相合，腰胯開始做旋轉動作的當下，應去感受身體螺旋轉動（中心線的轉動），體內鬆沉的勁道能否筆直地向下旋落，亦即「逢轉必沉」的觀念。細節部分來說，這條由意念虛擬出來的中心線（從頭頂百會穴、順任督二脈到會陰穴的直線思維），會時而和左腳重心或右腳重心相合，然後做垂直旋轉的動作，如此長期訓練下來，身體對於橫豎之間的變化，就會覺得清楚分明，然後才能進一步感受到身法運用上的細膩處。

　　當橫向移動和垂直轉動愈練愈熟時，推手上的

運用也會跟著進步。因為垂直轉動是太極拳能走化的基本觀念之一，而橫向移動的衝撞則是太極拳能發勁的基本觀念之一，這也是學習太極拳者，必須從體用二個方面同時去思考的原因。雖說學拳不是為了爭勝負，但也不能偏廢（只練套路動作而不去思考運用的部分），既然對太極拳運動有所熱愛，就應當把體用都學全，方能學到其真正的內涵和智慧所在。

「起落點」的觀念已有非常多的前輩成書註釋，在我以為：起落點包含了勁道和意念的起落。以勁道論之，從後腳掌（起點）送至前腳掌和手掌（落點）是一種勁道起落點的覺察（知己的功夫）；而以意念論之，則為從和對手的接觸點去感受對手身上的勁道（起點），然後能同步對應出自己身體的鬆沉（落點），就是另一種起落點的覺察（知彼的功夫）。所以在訓練套路上的體用時，應時時刻刻用心感受自己身上勁道的鬆沉變化，從何而起、從何而落，心裡清清楚楚、明明白白，就能有一趟拳長一趟功的感受。前段敘述的橫向移動和豎直轉動這二種訓練方式，剛好可以成為尋找己身勁道起落點的初步覺察訓練，所以要能感受到橫豎起落的變化，一定要從意念出發，從鬆柔沉靜中去

體悟，方能有所得。

八、周身一家

在太極拳的手法、身法、步法到達一定熟練度之後，便逐漸有周身一家的感受。我認為「鬆無止境，但有條件」。太極拳在傳統武術上非常強調「鬆」這個觀念，然在鬆的意念當中，其實也包含許多緊的條件，先緊後鬆，有時是必須的。一開始就全然的放鬆，要能體會太極拳的核心智慧並不容易，畢竟剛柔並濟、陰陽相合是有其道理的。可是先緊後鬆這個緊的條件有那些？其實就包含在前述的所有靜態、動態的功法要領中。當體內筋骨密合（緊）的功架養成後，身體對於肌肉群的運用感知就會開始減弱，同時對於內在結構力的覺察就會開始增強；接著逐步體會身體內每個關節處的運轉和勁道的轉移跟變化，到最後形成有意無意之間，讓意氣勁三者合一運行。是以，在同步訓練「思惟專一」（意）、「身體韌性」（勁）及「氣血循環」（氣）三種太極拳運動觀念後，方能真正感受到太極拳強身健體的效用。

「渾身是掤勁」、「蓄勁如張弓」、「運勁如百錬鋼」、「運勁如抽絲」，這些皆說明了「勁」

的重要性，但找出太極拳的勁並能運用，是體用皆明的階段。再次提醒初學太極拳者，若只會將意念著重在全身放鬆的訓練，卻忽略了勁道的鍛鍊，反而容易落入玩空的情形；也就是鬆了一輩子，也懈了一輩子，最後衍生出太極拳只適合養生的謬思，殊不知失去鍛鍊體內功架、勁道的太極拳，已經不再是完整的太極拳。然而，若是能內整外鬆、內合外開、內剛外柔，不斷地在勁道與鬆柔當中去細思的話，當真正鬆遍全身時，就會進入周身一家的鬆沉階段；這時，內勁其實也已遍及全身，也就是說體用已然合一。

再深入說明周身一家的感受，其實這是不斷在體用當中磨練而來（套路和推手並重）。例如與對手做推手訓練，當對手按壓你的手臂時，會覺得肌肉軟綿卻又無法按下，甚至找不到你全身上下的僵硬處而無處可發勁，這些都是前人能夠呈現出來，且能被檢視的太極拳功夫，故對於喜愛太極拳的人來說，體用缺一不可。我的老師常說學太極拳必須學推手，但不必為了比賽競技去學，也就是這個道理。畢竟太極拳的體用功法，必須從推手上去驗證，所謂的剛柔並濟，也不是獨身一人能訓練出來的，透過整勁、內勁、聽勁三者的訓練，才能真正

體會筋骨（堅剛）、肌肉（柔軟）二者合而為一，養生與強身並重，達到真正內外相合、周身一家的境地。

第二章

推手功法探討

無論是內三合或是外三合，傳統武術強調的「合」這個字，就是希望讓身體整合出最大的作用力，而所謂的「勁」就是這些整合力量的展現。一般而言在運用推手手法時，若單純只將手臂、背脊、腰部、核心肌群等等局部的力量，各自分散使用，我們就稱之為「拙力」；使用拙力多者，大多是運用到了肌肉的力量，也就不容易放鬆，亦會瞬間消耗掉身體的氣力；所以將分散的力量整合在一起，利用整合的身體四肢和軀幹來進行團體戰的運用，較能省力，也較能體會何謂完整一氣的太極拳論點。

　　那麼要如何才能夠訓練出勁道，且有別於一般人認知中的拙力？本章對於武術功法中「勁」的認知，做了一些探討。首節「勁道的類別」，乃先簡約的分類出何謂整勁、內勁及聽勁，這仍舊是以提升自身的覺察力為主，讓學習者能知曉如何體察勁道的存在。第二節「勁道與功架之相關」，乃是讓學習者明白人體骨骼的結構力是如何產生出來，以及為何武術會出現如此多門、多樣的慣性及運用。

第一節
勁道的類別

　　勁道要如何區分出類別，每個人的講述都不同，一般是以運用的手法來形容，例如黏勁、化勁、提勁、放勁、借勁、截勁、冷勁、閃勁，長勁、短勁、鬆彈勁等等諸多的發勁方式；然運用的手法則需專人臨場講述，較無法以文字說明清楚，我比較希望能介紹如何訓練出勁道的正確方式，和避免受傷的觀念。以下，就介紹三種大方向的類別，讓初學者先建立學習觀念。

一、整勁

　　無論是走套路或是練習基本功，全身完整一致的慣性養成非常重要，不能整合身體內外各個部位的力量，絕對無法練就高深的太極拳功夫。但如何能夠「整」，往往成為有些老師不願教導的獨門心法，所以才會有很多人練了一輩子的空拳，一輩子的肌耐力訓練，一輩子的拙力，最後對太極拳失去信心，無法持續下去。

講求整勁，其實就是將身體的結構力做更深一層的論述，學習者可以先以兩肩窩、兩前胯、兩膝窩、兩足心這八個點為基準，從左右方向虛擬出四條平行線（橫向），和前述身體的中心線（縱向）合成四個十字形式的結構力，這些就是身體基本的平衡線。當八個點同時有向下沉墜的意念時，身體就會變得更加穩固，達成借地之力的要領。這初步的點（關節點）、線（橫豎平衡線）、面（臂彎、胸腹、後背、膝襠的張力）結合的觀念，就是傳統武術所追求的合力，也就是整勁。

在此，除了瞭解整勁的結構力為何之外，亦必須建立內外三合的訓練觀念。在學習套路套路時，先訓練的是動作規格和要領，再加上外三合（肩與胯合、肘與膝合、手與腳合）的思考，在此便簡述外三合要如何思考。首先「肩與胯合」，可以想像兩肩（肩窩）兩胯（前胯）四個點連成一個四方形，這胸腹間的四方形不能夠扭曲，就跟一扇門板或是一面牆一樣，做任何動作都必須整在一起。其次是「肘與膝合」和「手與腳合」，常常思考膝、肘關節，以及腳掌和手掌的相對應關係也是必要的。其實這就是前述動作運轉時「中圈」和「外圈」的概念，膝肘為防衛對手攻擊身體的第二道防

線，手掌及腳掌則為第一道防線；這二道防線本來就必須細心去體會套路運行時手腳的方位、角度，也就是規格，練習久了，方能找出己身攻擊和防守的最佳距離。

當完成套路規格要領和外三合的學習後，接下來就可以開始以內三合（心與意合、意與氣合、氣與力合）的觀念，來學習感知身體的結構力。我不習慣把學拳講得太過於玄化，或是把氣的感受說得太多，畢竟這不是初學者，或一般人所能感受及思考的；且所謂「意在精神，不在氣，在氣則滯」，亦是不希望習拳者把太極拳當成是氣功來學習。簡單的告訴大家何為內三合？首先，心念可以想成「續航力」（用心的時間），意念可以簡單想成「專注力」，而氣可以想成「呼吸順合」的程度，力在此講的就是所謂的整勁了。換言之，用簡短的幾句話來表達就是：持續用心（心）將專注力（意）放在每個功法要領上，同時注意呼吸的順暢（氣）（能呼吸，然後能靈活），使之不僵滯，就能達到整勁（力）的要求（意氣須換得靈，乃有圓活之趣）。如此內外三合的觀念建立後，長期下來，便能更深入體會整勁的妙用。

接下來探討太極拳慢練快用的道理，慢練除

了能感受內外三合所訓練出的整勁外，還能養成鬆柔走化的慣性；畢竟要能在鬆柔走化當中，還能自由自在的運用整勁發放出去，才能讓人信服這是真確的太極拳功夫。這慢練的功夫養成，在於平日練習套路或基本功時，每一招一動皆須細心體會身體的整合、意念的送達和精神的鬆落。一式未體會不做二式，那麼，從前述的靜態到動態的功架和基本功，就有非常多的細節需要用心揣摩，再透過老師給予的調整，愈練愈完整協調，意念愈來愈微細。如此一來，一輩子都不可能會有「打空拳」的感覺，反而練拳會隨著年齡的增加，心境的平和，隨時都有新的體會，更讓自己貼近太極拳的核心內涵。

再者，所謂體用須兼備，在學習推手時，和對手互動的過程中，包含肢體的鬆柔走化、接觸點的瞬間反應、化打時間點的拿捏以及空間的掌握等，要能從中保持意氣勁的完整，其實並不容易，打手歌中一句「引進落空合即出」當中的「合」字就是整勁完整發出的體現。是以，若不能整，則無法聚合全身的勁道；若不能鬆，則無法借得他力（人或地）將勁道完整拋出。

二、內勁

太極拳前輩曾云，「勁是一種合力」，合在一起的力氣叫勁，非單由局部力量所形成。對整勁而言，指的是全身意氣勁的整合，而關節的節節鬆開到節節貫穿，是整勁的體現。如果說整勁係指勁道的整合程度，那麼內勁就是指勁道的強弱程度。以水流為例，整勁為流速的快慢均勻，內勁就是流量的大小；亦可說，整勁是將細小的河川支流（四肢及軀幹）匯合成單一河流（完整一氣），而內勁就是流水量的多寡，流量愈大，相對造成的破壞力也就愈大。

內勁是否真如前人所說，完全是「氣」的養成，氣感愈強則功力愈強？我以為勁道仍舊是身體筋骨強度的表現，只是這個表現若是能得機得勢，那麼就算是細小的力量，適時的在槓桿原理的作用下，仍舊能發揮強而有勁的功效，而這點就有關聽勁功力的強弱了，此點於後再論。

要如何能夠成就內勁？一般而言，先天體格魁梧、體重較重的人，本身就具備較強大的肌肉力量，也可以說此類人具備了先天上較為優勢的勁道力量；然推手功夫的好壞，有太多條件須配合，勁道只是其中一項環節，所以空有一身強大勁道，若

未能整合，未能有得機得勢的聽勁功夫，只是將這項先天條件給浪費了。舉例來說，一個弱小的人，單隻手臂僅有十公斤的氣力，但全身力量經過整合之後，就能在接觸點發揮出五十公斤的氣力；相對的，一個強壯的人，單隻手臂就算有二十公斤的氣力，遠勝弱小之人，可在推手技擊發揮上，往往被較己弱小者發出，就是因為他只懂得運用手臂的氣力。可反過來說，若是二人都能整合氣力，發揮整勁的功效，那麼勁道的大小就會出現先天和後天的差異性，弱小之人在勁道上仍是無法和壯碩之人相比擬的。可這時若是在聽勁上，弱小之人遠勝對手的話，同樣是能夠以柔克剛的。

　　鍛鍊內勁絕不可操之過急，尤其是初學太極拳者，應從整勁的功架練起，從站樁、走套路直到找出身體的整合之後，再加以各種鍛鍊方式，如抖杆、負重訓練、基本功等，以強化肌耐力和筋骨力，自然就會讓內勁做全面且完整的增強。然此時須注意不可過度使用肌肉群，而是用功架內部的骨骼承載力去鍛鍊，否則易形成肌肉僵硬，無法訓練出筋骨的柔韌。換言之，內勁的勁道訓練在於筋骨力量的養成，肌肉只是附加的訓練，意念須完全放在筋骨的整合上，肌肉愈鬆，筋骨的訓練也就愈

多，這也是為何愈放鬆會愈覺得腿力不足，甚至有腿功退步的現象出現。且人年紀愈長，肌肉流失就愈快，然筋骨之力卻不會失去；故對年紀稍長者（年逾60歲者），須再次提醒斷不可過度著重肌耐力的鍛鍊。適度的重量訓練對人體的健康有幫助，但年長者因肌肉群已不若年輕者有彈性，且恢復力較慢，所以必須讓肌肉放鬆；一旦肌肉群鬆開，就能訓練到骨骼間的筋膜力量，這也是耄耋之人之所以能禦眾之形的原因之一，因為發勁需要以筋骨的彈力來發勁，而非全靠肌肉的爆發力來作用。

三、聽勁

　　舍己從人和學吃虧是鄭子太極拳推手的重要入門觀念，聽勁絕對沒有走捷徑的特殊功法。人與人的相互接觸、碰撞是推手訓練的過程，然必須能夠清楚知道自己學習推手的目的為何。一般人學習推手的目的大都希望能練出真正的太極拳功夫，甚至能臻至大師級的功力，然學習推手之人何其多，能到大師境地的又有幾人？

　　要練聽勁，首先必須建立正確的推手觀念，若是以強調輸贏為主，那麼短時間內的突飛猛進是必然的現象，因為爆發力（速度和力量的結合）還

是決定輸贏的必要條件；不過捨此之外，應捫心自問，為何將一身勁道練得愈剛猛之後，離太極拳強調的鬆柔走化卻是愈遠？所以，舍己從人和學吃虧，方能夠真正練出太極拳的聽勁功夫。

「聽」這個字在太極拳中的意義，是指身體對於外界力量碰觸後的反應。有些人內勁剛猛、整勁完備，每遇對手來勁，總能夠輕鬆的「承接」，然後再將之打發而出；這其實也是聽勁的一種反應方式，代表其能夠知曉對手的來勁，並作出以內勁和整勁攻防為主的判斷。但這類人只要遇上同樣以成就剛猛勁道為主的對手，二人交手下來，三五分鐘之內必定氣喘吁吁，後力無以為繼，長久下來，反而造成肢體負擔過大，且心臟過度運動後，容易出現心室肥大的心臟病變，此應為練習太極拳推手者不可不察之處。反言之，以鬆柔走化聽勁為主要訓練之人，三五年的練習中，常無法與人一較高下；可一旦日積月累宿勁久之，全身鬆開之後，會出現一種空靈的接勁功夫，那是純粹的「聽」，不帶拙力的「聽」，沒有勝負之思，沒有輸贏之念，如此贏人的話，方能讓人心悅誠服，終信已練就太極拳真正的功夫。

在此略述兩種推手類型搭手時可能出現的情

況。慣用內勁接發者（表徵為身形腰胯不容易變化）和常以鬆柔接發者（身形腰胯會隨勢轉化）相比較之下，二者著實存在著相生相剋的關係；沒有輸贏對錯，只能說誰更能知己知彼，誰就能贏，也就是功力相當的二人，輸贏的關鍵點就在於聽勁的強弱。舉例來說，慣用內勁者若能察覺鬆柔者的變化，那鬆柔者將無法將來勁完全化去，且勢必和對方變為內勁的拼比；反言之，慣用內勁者若不知鬆柔者的身法走向，無點可發、無勢可拿，便無以為功。不過這些都還是指功力中階者的階段，若能到達無論以內勁或鬆柔都能隨意而動之人，那已是高手階段，遇見此類人應謙虛受教，方能習得更多太極拳之知識，切不可自恃武功了得，反遭鄙視，誤了能向他人請教進階的機會。

　　鄭子太極拳的推手聽勁的練法，是以單推手、雙推手、大捋手、承接按、採按連環、雞啄米等手法來鍛鍊，通過接觸點的感知，緩慢去體察己身鬆柔走化時功架有無失去，待手臂上的接觸點都能清楚感知之後，再進一步練習自由推。所以說基本推手手法乃初步習練推手者必經的練習過程，在此過程的著墨起碼應有半年以上的時間，然後再進入定步自由推手的練習；但在訓練定步自由推手的同

時，仍須持續加強推手基本手法的練習，方能達到相輔相成的功效，且對聽勁來說會有更深入的體會。

勁道與功架之相關

傳統武術的功架結構（或稱功體）是從點線面體來呈現，而五心（頭頂心、雙手掌心、雙腳掌心）和身體的各個關節處可說是身體的點，將這些點串聯起來後會形成線，進而到肩胯四個點成面（含胸拔背），再到全身點線面一同思考成體（周身一家），這些人體功架結構的訓練和運用，就是武術的核心內涵。每一種拳術的差異，其實僅是人體結構力的運用慣性不同所產生的，這跟人的身材、性格、性別、年齡、環境和學習武術境遇的不同有關，以下簡約的講述四個基本功架所形成的勁道運用方式。

一、勁與中定功架

太極十三勢之中定乃十三勢之母，其餘的十二勢，皆不離中定二字，身不中定的狀況下，十二勢中的手法（掤、捋、擠、按、採、挒、肘、靠）和身法、步法（前進、後退、左顧、右盼）便會失去依靠而無法運用自如，所謂萬變不離「中」，唯有

成就中定，方能讓其他十二勢順利運用變化出來。

　　為何如此？簡單來說，中定就是去強化頂頭懸、尾閭中正到落地生根的意念，讓身體從頭頂到腳掌能夠有一條以意念貫穿出來的中心線，這條線如果夠強，就能感受到從腳掌貫穿全身至頭頂後，再往外衍生出的橫向感知，當他人一碰觸到身體，這條中定線就會發揮妙用，將他人之力同步接入地面，也就是所謂的借地之力，瞬間亦能變化其他十二勢。但若無法借地之力，實際上也就沒辦法克服體型上的差異，變成力強勝力弱的一般情況；然太極拳卻是顛覆如此思維，因善用人體功架的巧思而達到弱能勝強，柔能克剛的境地。

　　中定功架的運用並非剛硬。初學者要體會這條線時，往往會以身體去硬撐對方來力，這是人本身與生俱來的慣性動作；但如果要讓中定功架能夠靈活運用，還是必須讓身體放鬆。從僵硬開始，逐漸到僵柔直至鬆柔，必須要有次第的逐步發展，有些人一開始就從大鬆大柔去練習推手，往往到後來變得一事無成，因為推手是從有到無，而不是從無到無；如果一開始就沒有維持中定的意念，最後當然也沒辦法養成中定功架，一身的功架亦會在鬆軟之間鬆散掉了，到最後便又會否定太極拳「鬆」的價

值，無法成就太極拳的內在功夫。

雖說在前章「套路觀念的探討」已然說過中定的重要性，但在此要補充的是中定的運用，簡言之就是車輪與車軸的關係，若能對中定有足夠的體會並訓練出堅韌的中心線（強壯的車軸），那麼要帶動內肩、中肘和外掌三圈（車輪）就會更加的輕而易舉；這也就是中定功架的運用方式，以圈來固守陣地，因敵變化示神奇。

二、勁與十字功架

在前述點線面體的要領中，中心線從頭至腳的垂直貫穿為主時，稱之為中定功架；如果加上兩肩、兩胯的水平平行線思維，就能合出身體的十字功架。這個十字功架是許多拳術標榜的核心，目的當然也是為了統合身上的勁道。

若是將人體比喻為蓋大樓，那麼體內的筋骨就是大樓的鋼筋，肌肉就是水泥；然鋼筋具有伸展的作用，可以彎曲又堅韌，水泥就完全只是笨重和堅固。大樓的鋼筋需粗細搭配，人體的筋骨亦是；基本上人體內的骨頭、骨膜、肌筋膜、肌腱、韌帶等等，就是人體內的鋼筋組織。可除了將筋骨訓練出強度外，結構力的穩定性也很重要；因為要能撐住

整座大樓，必須從穩固的地基上逐層建設（下盤樁功），此即為太極拳的訓練方式。

以十字功架而言，若以垂直向稱柱，左右橫向為樑，則樑柱的整合就能讓身體發揮強大的結構力；亦有人稱脊椎為龍，腰胯為虎，稱兩者相合為龍虎相交，很多名詞不外乎談的都是強調身體十字功架的重要性。若要論十字功架和中定功架的優劣，十字功架重穩固，中定功架重輕靈，兩者的運用端看對手的功夫性質來變化。採十字功架時，若遇到更強壯之人而不易應付，應改為中定功架，從中破勢攻擊，不和對手硬接硬架，反之對手善輕靈走化攻擊者，則應採十字功架穩紮穩打來應付，不冒然進攻為宜。

三、勁與八方功架

八方功架是建構在中定和十字功架之後，採多點思維方式所形成的功架體，所謂多點思維，就是將身體核心的十字功架往外延伸到手腳關節點，其中包括肘、腕、膝、踝等關節點；也就是以身體軀幹為主，帶動手腳四肢的運用，如此可以用身體結構的力量，更精準的控制手腳上傳出的勁道，也就是所謂「立身須中正安舒，支撐八面」的意思。一

般來說這比較適合在擊打時運用，推手因為有禁止擊打的限制，所以較難發揮八方功架的特點。

　　人對於空間的感知，並非僅只將意念全部守在身上而已，還要有前後、上下、左右、內外的知覺才行；也就是對於四面八方都要有意識感，可又不能失去自己本身的功架存在感。身體軀幹是人主要的核心力量來源，單靠手腳的力量無法發揮全身最有效的攻擊和走化，中定功架的訓練能讓人覺察身體和空間上下的變化，十字功架的訓練則加強了左右的覺知，而八方功架則是將上下及內外統合一起。多點思維，主要是能將身體與外在空間變化都含括在意識之中，做到周身一家的運用層次。

　　於此補充說明，功架的訓練除了作為技擊的目的外，亦對人的健康有很大的幫助。因為讓身體的筋骨強壯，養成擅於利用功架來做日常生活行動和工作，其實更能減少許多意外的發生，例如意外跌倒、運動傷害、或因姿勢不正確發生的肌肉拉傷等。

四、勁與丹田的關係

　　丹田位於人的核心肌群正中央，統合了腹部、背部、腰、腿、臀的肌肉群力量；丹田運轉訓練得

宜，就能將這些肌肉群發揮結合一起的功效，很多拳術都以意守丹田作為最後意念存守的地方。其實也就是說，當全身整勁、內勁和聽勁都進入到有意無意之間，只需將意念守在丹田，就能透過功架去覺察內外所有的變化。可這不僅是身體層面的問題，更須進入到心理層面，相信自己所習功法已經內化到可以應付一切突如其來的攻擊，正所謂「內固精神，外示安逸」，這是一種自然而然散發出來的習武者的自信。

時時刻刻意守丹田，成了習武者心性修練的法門，但守了丹田卻不應忽略其他功架的存在感，如此方可說是丹田功體、功架的養成，否則僅只將意念呆守住丹田，而無周身一家、渾身是手、渾身是掤勁、完整一氣的意識存在，那麼將變成一個空蕩蕩的存在，而無積蓄精氣神的效用。

丹田意念的存守是從多點思維（關節結構）再回歸到單點思維（意守丹田），以單一的意念統合全身內外的覺知，所以說只要能清楚分辨身體結構的點線面體，就能全方位訓練出身體的高度協調性和完整性，此時若要增強運用的強度，則再加強肌肉力量的訓練即可。有了功架、功體的用勁慣性之後，全身肌耐力和爆發力的訓練，也能同時統合

在一起，所以太極拳是由內（功架、意念）的統整完成後，再進至由外（肌肉群）的統整鍛鍊，最後進入推手、散手的訓練，讓內外合一，即為體用兼備。

第三章　體用觀念探討

「用意不用力，用力非太極」，一般學習太極拳之人均知道這句話，可是對這句話的解讀，卻往往有所偏差。若將意念的感知無限的放大、放空，未能從體用的角度去思考何謂用意不用力；甚或在未經武術功法的鍛鍊下，直接跳到大鬆大柔，只憑意念練拳的階段，殊為可惜。因為當身體未經過適度的強度訓練，要讓自己有一趟拳一趟功的精進，其實是沒有辦法做到的。相信會認真學習太極拳者，對於拳術基本上都有一份渴望，渴望有一天真能做到太極拳「牽動四兩撥千斤」、「引進落空合即出」的境地；但大多數學習太極拳者，雖說拳齡超過二、三十載，卻仍未感受到功到底何在？為何大師所說的境地，仍舊感覺如此遙遠？其實這些都值得習拳者深思。

　本章所講述的重點，首節「意念三階」，乃是希望初學者在學習套路時，知悉專注力的訓練重點所在，由外而內、由緊而鬆、由慢而快，逐步訓練出手腳腰腿的慣性，感受到勁道來源及體會鬆沉的奧妙。第二節「體用四法」則開始進入推手領域

的探討，讓學習者在「結合」、「對應」、「順轉」、「化打」等四個訓練步驟下，次第的提升推手功夫，不至於盲目而無要領的訓練。第三節「應敵三要」則是我依據這些年來的推手經驗，將對手做了初步的三個分類（人剛我柔、人柔我剛、剛柔相濟），以及建立如何應對的基本觀念。當然，每個人的手法和身體強度都不同，推手過程千變萬化，在此僅能做概括的論述；可對初學者來說，相信還是能有所依循，建立初步應敵的觀念。第四節「習拳五態」就是從教學者與學習者雙方的角色對應去探討。學習任何武術和學問，教學者和學習者往往隨著因緣有所聚合，然找到適合的師徒關係，也是我覺得必要的認知；畢竟不適合的師徒關係，往往會減低學習成效，甚而做了錯誤的學習，故希望在此提供給初學者尋找老師的參考。

意念三階

　　我習慣在教學時，把「意念」解釋為「專注力」，專注在身體結構上點線面體的訓練，就是使用意念的訓練。亦即，所謂「用意不用力」，是在學習太極拳的過程中，必須專注在太極拳的訓練要領（立身中正、平正均勻、鬆柔沉靜、上下相隨、隨曲就伸、邁步如貓行等）及功法（內勁、整勁、聽勁）；而不是把注意力放在肌耐力、爆發力的鍛鍊上，更不是全然放鬆、玩空。然而，意念的訓練本來就有次第，以下就簡單介紹學拳時意念如何思考，方能有漸次地體悟出太極拳術的內涵。

一、以意領形

　　鄭子太極拳的規格要領若能完全做到位，其實就是高強度的腿功訓練；然要到位，則必須將每一式用心刻苦的反覆學習鍛鍊，所以鄭宗師方提出去三病（無畏喫苦、無畏喫虧、無畏厲害）的習拳觀念。許多習拳者在學習薪傳鄭子太極拳時，初期常因為記不住招式動作而放棄；或者是學會了套路招

式之後，便抱持著不求甚解的態度，隨興的練拳；如此入寶山而空手回，枉費了一段習拳養生、強身健體的好機緣。

專注力放在身、手、步的協調性是練拳的第一步，但倘若未從站樁、單式基本訓練或步法（貓步、左右轉步、平行步）學起，並從功法入門的話，其實在套路的學習上，會產生較多的阻礙，例如腿力不足無法讓身體放鬆，手腳協調性難以養成等。在以意領形的階段，初學者通常無法同時注意身、手、步的運用，也常常容易有手腳不協調的情況出現；要改善這些情況，除了依靠自己平時多加強基本功的鍛鍊外，還必須將專注力完全放在套路的規格上，逐步訓練手腳腰腿胯的協調性、完整性和一致性。在這些過程中，務必先求動作的熟練，再慢慢做到正確的要領細節；而有關體內氣的運行，身體與外界的對應感受等，則不可關注太多，否則掛一漏萬，挫折感會更重。所以初學者應當循序漸進，用心著重在鍛鍊基本功上（站樁、單式訓練），培養能夠深入學拳的身體條件為先，再將套路招式熟記即可。

當身體記憶住拳架的動作規格後，接著可以開始思考要領之細節，如立身中正、虛實分清、沉肩

墜肘、鬆腰落胯等，逐步完成套路外形上的訓練。如此不斷將意念專注在外形規格及要領動作上的訓練，即為以意領形的練法，亦為初學者必須具備的觀念；如此方不至於好高騖遠，隨興隨意的打拳，而失去學好太極拳的契機。

二、以意領勁

當外形的規格要領熟練之後，接著便需開始思考體內功架的存在感，也就是勁道之所在。先前談過勁是力的聚合，鄭子太極拳每招每式其實都能感受到合勁、蓄勁的存在，有時勁道聚合在腳掌、有時在腰腿胯、有時則在背上；勁道在拳架的運行當中並不會消失不見，而是會隨著功架動作的調整產生變化。要能理解如何找到勁道的方法，必須先說明體內支點與力點的差別。人的身體結構中，每個關節處代表著每一個支點，將意念（專注力）放在關節點的連貫緊合，就是所謂的節節貫穿；反之，每個關節點的放鬆，就是節節鬆開。簡言之，就是當身體支點鬆開瞬間化解對方來力（開），並能得機得勢抓住對手僵硬點時，用力點發勁（合），就是太極拳所謂的「開合」的變化。所以要找到身體的力點（發勁的源頭）和支點（關節點）的感受

力，就必須從套路中思考勁道的變化。

　　舉例來說，右攬雀尾這動作，一開始當重心落至左腳，轉腰胯帶動右手上提（接拿敵人攻勢）時，左腳掌（借地之力）和左腰腿（腰腿合勁）即為勁道的來源（力點）；接著在身體螺旋轉動中，透過體內的結構（關節支點），將勁道送至右手臂和掌心上（肌肉放鬆狀態下，仍可感受到右臂和左腳掌對應出的合勁），最後做出前弓腿動作時，左腳勁道會隨著往右腰腿移轉，蓄勁到右腰腿胯，這時的力點就轉為右側腳掌和腰腿，即完成攬雀尾的動作。這一連串的動作變化中，腰腿的蓄勁、重心的轉移、合勁的變化、肌肉的放鬆、節節貫穿的感受等等，都要能清楚明白，此即為每個動作都能「以意領勁」的訓練方式。

　　不懂勁則無法體用兼備。在推手的訓練過程中，若一昧的放鬆而不知勁之所在，縱使能夠得機得勢，也無法發人而出。雖說在套路中能體會勁道源頭之所在，練出身體的強度和韌性；但此時更應該開始加入推手的訓練，才能夠更清楚明白勁道在身體裡的變化。如何知己知彼，一切都須從懂勁開始。

三、以意領鬆

太極拳是一門強調大鬆大柔的功夫，且鬆柔得法不僅能袪病延年、強身健體，亦能有防身怯敵的效益。然昔日大師們在習拳的過程當中，是必須紮實不間斷的訓練基本功、套路、推手、散手及兵器，在這樣高強度的武術鍛鍊方式下，才能成就所謂武術功法的身體素質；可太極拳與其他拳種不同之處，卻是心理素質的提升，那就是對鬆的領會。要能達到大師們那種「泰山崩於前而色不變、麋鹿興於左而目不瞬」的境界，就必須跟隨著大師們所走過的道路，辛苦有恆的練拳，而不僅是一昧的在思維上去想像鬆的境界是如何，有時空想往往只是到老一場空而已。

鬆是練拳的必要觀念，不知道鬆就無法體會太極拳的內涵，就無法將拙力換真力。所以當身體從鬆當中學會思考勁道的來源之後，要繼續學習的就是去思考鬆在何處，以及鬆（陰）與勁（陽）如何在身體裡同時被意識到（陰陽相濟）。換言之，要時時刻刻提醒自己身心上都必須放鬆，不斷感受和思考體內結構中勁道的來源（力點）以及關節的放鬆（支點）；久而久之，二者的同時存在感就會變得更加明顯易見，也更能有外柔內剛的覺察。在虛

實分清上就會從步法上的虛實分清，進入身體結構上的虛實分清，從而有「一處有一處虛實，處處總此一虛實，周身節節貫串，無令絲毫間斷耳」的感受，而這幾句話亦明白的點出虛（鬆）實（勁）之間的關係。

「鬆無止境，但有條件」，這句話是我這些年在太極拳的體用上領悟得來的一個重要觀念。當具備了太極拳所有的功法要領和體用心法後，「鬆」才會成為最後追求的目標；因為此時身體的種種條件（整勁、內勁的成就）、心念的覺察以及洞察力（聽勁的成就）均會一併具足，從此「一趟拳、一趟功」是真實感受而非僅是想像而已，正所謂「先在心（意念），後在身（功架），腹鬆淨，氣斂入骨，神舒體靜，刻刻在心」。

第二節
體用四法

　　所謂的體用四法，是我這些年來在推手訓練上的一些心得，也是推手教學的方法。一般而言，初學推手時，一旦進入了自由推的訓練，大都只會胡亂出手，毫無章法的推拉扯抱；為了讓自由推手教學更有效率，讓初學者能有順序和步驟的進入推手的學習，我提出了「結合」、「對應」、「順轉」和「化打」等四個學習的次第和觀念。希望經由學習推手的過程，能將太極拳拳術中的功法結構、要領及動作慣性發揮出來，以收體用之效，更進一步深化對太極拳術的了解。

一、結合

　　首先，「結合」的觀念基本上就是前面所提到的整勁的訓練，可是只談整勁卻不知整勁在運用時應該以怎樣的方式來訓練的話，就無法進入太極拳真正能用的階段。傳統武術中的內外三合已經是非常清楚的體用原則，但前人文章多隱喻，若無一定的國學程度及拳術修為則無法明白。太極拳是傳統

武術的一環，是屬於實證上的學習，並無法僅靠閱讀拳經拳論，或自身一人獨自思考練拳就能得到功夫，而是必須辛辛苦苦的磨練自己，等水到渠成，方能真正領悟太極拳的核心智慧。要如何進行「結合」的訓練？其實就是整勁的訓練方式，然而前述篇章的敘述，都是以如何體悟到身體的整勁為主；可是在推手的過程中，卻必須在覺察對手勁道的同時，感知身體整合的情況，這也是練習推手的首要階段。

初學推手時，第一個要注意的就是肩與胯合。舉例來說，當感受到對手與自身接觸點的力源時，肩與胯合成的結構力要能先「承接」對手的勁道；此時因為兩肩窩及兩胯結合出結構力（含胸拔背之意），會讓胸、背、腹、腰的力量形成上半身完整的合勁，然後在這蓄勁當中，開始進行走化的運轉。但此時會因為專注在身體的結合，而讓對手覺得你的身體僵硬不靈活，但我仍需要強調，結合初期的僵硬狀態是正確的。因為此時初學推手者缺乏聽勁，所以必須先以訓練身體結合為主，將專注力（意念）八成放在身上，二成用來覺察對手來勁，讓身體的功架先能發揮效用。否則一開始就以完全鬆開來訓練的話，久了會養成躲避、鬆懈的身體慣

性，這樣子的推手訓練當然無法面對強而有力的對手，甚至只能一昧的批評對手不鬆、不是太極拳、我只是練養生等等的謬論出現。然前人的推手不都是「任他巨力來打我，牽動四兩撥千斤」嗎？何以現在的人卻不敢面對「巨力」，只能相濡以沫，在自己的養生圈裡沾沾自喜，須知太極拳武術不只是養生，更能強身健體。

　　有些人常常會懷疑鬆能禦敵的可能性，且害怕在推手時受傷，因此排斥推手的訓練。在此要進一步的說明，每個人身體的強度當然會有先天上的差異，在同樣的訓練強度下，瘦弱之人的身體合勁當然不如人高馬大之人；但不能因噎廢食而不鍛鍊身體，畢竟現代人都很清楚筋骨肌肉力量是到老都需要鍛鍊的；且要能以弱勝強，是必須慢慢朝著強化聽勁的方向前進，但身體各部位的結合訓練卻不可因此偏廢。所以推手一開始定要跟著老師學習，斷不可到處找人較勁；最好與有相同訓練觀念的同門師兄弟互練，方能在安全及彼此信任的情況下，逐步的提升推手的功力；然後體悟更深入的太極拳智慧，這才是學習太極拳推手應該有的認知。

　　「結合」的第二個階段，就是開始覺察肩肘腕的運化方式。當身體在自由推的狀態中能固守體內

功架（軀幹）的內勁運用後，接著便要開始思考肩肘腕這三個關節串成的線，能否像鞭子一樣靈活，這時手臂筋骨力量的鍛鍊就體現出它的重要性。因為手臂在發勁的瞬間（功架發勁而不是手出力），必須承受住身體強大的整合勁道，亦即手是身體發出勁道的橋樑，這座橋樑可不能像吊橋那般只會搖晃卸力。當發勁的瞬間，肩肘腕是貫穿結合在一起的，掌心的勁道丟出之後，手臂才會在瞬間回到鬆柔靈活狀態；若只是一昧放鬆的話，無法在瞬間把手臂變成「桿子勁」或「鞭子勁」，發勁時勁道就會斷在肩肘腕，無法一氣呵成的拋丟出去；然這時手臂的支撐力（肌耐力）也必須足夠，否則容易造成肩肘腕關節的傷害。傳統武術中抖大竿的訓練方式，就是一種強化手臂筋骨和學習發勁的好方法。

第三個訓練方向，就是開始思考胯膝踝三點的結合。其實這方面的思考在套路訓練時就已被注重和強化，那些功法要領中的虛實分清、平胯走步、邁步如貓行等等，都是在強化下盤功架的穩固和腿部肌耐力的訓練。相對的，比起上半身功架的訓練，下半身在練拳的初階就已受到相當程度的鍛鍊，且若沒有穩固強壯的下盤，不僅上半身無法放鬆，發勁和接勁的功法也無法真正獲得發揮，這時

就能看出「拳架是體，推手是用」的密切關連性。胯膝踝整合出的「襠勁」的強弱，攸關能承接對手勁道的多寡；前段提過人會有先天的差別，所以襠勁無法接下對手來力時，就應該放棄承接對手的勁道，轉而以其他方式來回應對手；但同樣不能完全放棄襠勁的訓練，有時先接後化是必要的，若是連接的意念都沒有，一點襠勁都沒有，就是放棄功架，整個鬆懈，無法更深入的感受體用的奧妙。

從肩胯結合，肩肘腕結合，直到胯膝踝結合，是我在教學時首先訓練學生的方式，先讓學生們感受到身體結構力的運用應該如何被覺察出來，然後再去洞察對手的來勁、來意。這「結合」的方法和觀念並沒有固定招式，而是在對手「餵勁」的狀態下，任憑對方牽採拿發，單純的讓身體感受體內三個部位是如何「緊而鬆」，如何「鬆而緊」。

二、對應

談到「對應」，必須是在對身體的結構力有了一定的覺察能力，且能運用結構力做出承接及轉化對手力量的運用之後，才能進入「對應」的階段。前段說過專注力在「結合」階段有八成是放在自己身上，二成去感受對手；在這時就必須轉換過

來，變成八成在對手身上，二成在自己身上，如此一來，覺察力（知己）就會變成洞察力（知彼）。所以，當和對手的接觸點（皮膚的觸感）愈發敏銳時，身體的對應點（力點及支點）就能因敵產生變化，進而提升洞察對手的能力，亦即聽勁增長的開始。

透過接觸點來洞察對手時，這接觸點必須保持輕靈鬆活的狀態，也就是肌肉不緊繃，完全放鬆的狀態，才能夠清楚判斷出對手來力的方向、勁道大小；藉此讓身體某處結構力產生對應點，進而做出接化拿打的動作。舉例來說，當右小臂（掤手）與對方的手掌心（按掌）接觸時（接觸點），肩肘胯膝踝關節會同時感知（支點對應），若此時將全身勁道統整在一起（支點整合），就能將對手的力量分散到自己身上各個關節點位置；若對手只會用手臂氣力的話，將無法繼續往前推進，也就是自己係利用每個關節點在瞬間串聯起來時（節節貫穿）所產生的張力（真力），去承接對手手臂的氣力（拙力）。另外，當全身支點接住對手力量的瞬間，將腰腿胯放鬆，把對手來力引至空處，就是對應點（腰腿胯）的走化；而若腰腿胯變為力點，直接將對手來力截斷並反彈回去，就是對應點（腰腿胯）

的發勁。

　　換句話說，除了以被動的方式來訓練對應點外（接受餵勁訓練），亦需要以主動的方式來訓練（發勁訓練）對應點。主動訓練時，若能透過接觸點去感受對手的對應點，也就是去洞悉對手身上的結構力何在，從而找到對手的僵硬點；再從僵硬點發勁，就能輕而易舉將對手發出，達到「敵不知我，我獨知人」的初步訓練。

　　進一步來說明，對應訓練就是透過支點對應（關節）和力點對應（發勁源頭）二種方式來感受自由推的過程。在不斷地和對手重複訓練單推手、雙推手、立圓推手、平圓推手、採按連環手、雞啄米、大捋手等等的基本推手手法時，就必須能不斷地感知接觸點和對應點的變化，久而久之，再將這種和對手互動、對應的感受，放入拳架套路的訓練當中，也就容易產生有假想敵的感覺（打拳如有人在前），亦能更深入理解及體會拳架慣性動作在對敵時應有的覺察，因而建立了所謂體用兼備的訓練方式。

三、順轉

　　經過「結合」和「對應」的訓練後，就能了解

自己本身在和對手互動時，所需具備的條件是否足夠，觀念是否正確；當身體條件不夠（筋骨和肌耐力的強度不足），又或是觀念不正確時（無結合、對應的觀念建立），就無法進入「順轉」階段，因為要將對手力量順轉開來，並非那麼容易。「結合」以及「對應」的觀念是來自太極拳功法要領的體悟和學習，故要能循序漸進地將推手學好，而不會變成鬥牛式的推手，或是鬆懈狀態不會發勁的推手，就要先建立正確觀念，並且用心紮實的練習，方能有所成。

自由推手已經跳脫了制式的推手模式（套招訓練），進入實際運用的階段，此時唯一的規範就是沾黏貼隨且不脫手擊打。自由推手能夠訓練出人的瞬間反應能力，也就是身體的敏銳度，此正是太極拳武術功法鍛鍊的一個重要環節。推手練得好，在進入散手階段時，就能活用太極拳近身攻防的技擊法，所謂遠手近肘貼身靠，很多的近身技擊手法、身法、步法都是在推手的階段訓練出來的；最後再進入實戰所需的距離感和擊打的訓練，也就是散打的運用，但這已是格鬥的範疇，對於只想養生、健身和防身的人來說，並非是一定需要的訓練。相對於社會大眾而言，懂技擊的人口還是僅限少數；如

果能熟練推手運用，對於一般的自我防衛已足夠，因為無論是在瞬間反應力和身體爆發力上，熟練自由推手訓練的人，還是比一般大眾要強上許多；且在現今的法治社會，能避開危險而不造成更大的傷害，才是明智之舉。

　　「順轉」即是將對方來力走化開來的訓練，也就是訓練「我順人背」、「得機得勢」、「引進落空」的推手能力；而要能夠做到順轉，則必須要懂得接轉勁道，然而先承接、後轉化勁道是自由推手中，較難被訓練出來的反射能力。一般而言，對於承接對手的來力，一開始訓練時往往都是頂撞為多，或是急著出手不讓對方靠近；因為想在放鬆的狀況下承接對手的來力，未經過長久的聽勁訓練是根本沒辦法做到的，愈想將對手的來力承接住並順轉開來，就必須愈鬆才可以。所以我才會強調「鬆無止境，但有條件」這句話。

　　舉例來說，當對手猛力撲來，身體結構必須在瞬間結合住，不讓對手衝垮自己的功架；接著利用身體的對應點，鬆肩鬆胯，將對手力量卸往一旁；然後再次合出整勁，順勢攻擊對手將之發出，就是完整發揮了「順轉」的功能。在承接（合勁）→順轉（鬆化）→發放（合勁）整個過程中，所需的時

間是由個人的聽勁決定的，聽勁愈好，接轉發（化拿打）在不到半秒的時間內已結束，且往往讓對手不明所以；反之聽勁愈弱，有可能在第一段承接時就花費過長的時間，且容易被對手力量架住因而拚鬥起來，所以要順轉容易並出現得機得勢的時機，就必須比對手更鬆才可以。就算如此，若是身體整勁或內勁訓練不足的話，仍有可能因為對手身體強度高，而無法將其順利發放出去，所以我才會提及身體瘦弱之人，仍必須把身體整勁和內勁這二個條件訓練好才是。

進一步來說，在「順轉」的訓練階段，覺察自己和洞察他人的意念分布大約是四六分，亦即將四分專注力放在自身，覺察身體的走化速度，而將六分專注力，用來洞察對手攻擊來力，反之亦然。這幾分的專注力，其實並沒辦法量化或細化，只能說是長期聽勁訓練下來的結果。在「結合」階段會過度專注自己，在「對應」階段會過度專注對手，但這是必須經歷的過程，唯有在「順轉」階段才會開始趨近平衡；也因如此，才會從練轉變為用，從僵轉變為柔，從柔轉變為鬆。要能練好順轉，就必須長期和對手進行自由推的訓練，甚而要和多人推手，面對愈多樣化的推手對手，就愈能增進順轉的

技巧。例如面對氣力剛強的對手時，順轉的速度就必須更快；面對氣力鬆沉的對手時，順轉當中必須要黏勁，甚而有時將對手氣力順至腳掌時，身體卻是鬆沉不動的。其中有太多的方式無法一一列舉，端賴學習者能時時用心體會，就會明白順轉觀念的運用。

鄭宗師曼青先生所言：訓練推手必須「投資失敗」也是這個道理，長期的接受對手的攻擊，不斷訓練自己的承接和順轉，無論輸贏如何，身體都會訓練出能夠走化的敏銳度，也就是聽勁；如此才有可能讓自己往前進入「化打」的階段，做到「引進落空合即出」的太極拳推手功夫。

四、化打

化即是打，打即是化。對經常訓練推手的人來說，已是耳熟能詳，但要做到這個階段，卻往往如瞎子摸象，不知從何練起？又或是根本亂打一通，再來吹噓自己的化即是打如何了得；甚至將別人打傷之後，反而怪罪對手因為走化功夫不好才會受傷，這些怪現象其實在推手界層出不窮，要如何能辨別真正的化打合一，就必須和真正懂得太極拳走化運用的高手交流才有辦法體會。

推手是太極拳武術訓練的一個環節，是利用太極拳的鬆柔走化來提升全身的知覺敏銳度，所以推手在規則上有別於一般的格鬥或散打。然而愈來愈多的其他武術（如摔角、柔道等）見到推手的訓練方式和比賽規則後，誤以為只要將對手發出圈外，或是讓對手動步即為贏了推手功夫；然後開始以己身訓練的其他派別武術功法來進行推手的比試，結果常造成以硬力拼鬥受傷的情形，也因此誤認為太極拳功夫不過爾爾。而對真正學習太極拳的人來說，看見如此兇狠的拼鬥，反因此望而生畏，不敢接觸推手訓練。

　　化打合一的推手從外相看來，其實與其他武術的運用並無多大區別，可內涵卻是大不相同。發人而出的推手發勁功夫並不會使人覺得接觸點有強勁的撞擊力道，只會有一種全身都被彈出、震出的感受，當然，這是以太極拳全身鬆彈勁的演示方式來推手；一旦轉為需要防身時，鬆彈就必須變為瞬間的擊打，也就是寸勁，力求將對手擊倒在地，而不是將之推出而已。

　　「化打」的訓練也可以說是開合的訓練，節節鬆開到節節貫穿之間，時間差往往連半秒都不到，外形的開合講究的是從開展逐漸到緊湊，主要是套

路的演練能夠做到鬆柔沉靜、連綿不斷。如此肢體語言的開展和內斂的演繹，讓套路評審和觀眾們能享受一場太極拳之美的表演，對於太極拳的發展和推廣有很大的助益；畢竟要能在大庭廣眾中，做到如此高難度的表演藝術，也需要耗費很多心力去訓練，方有所成。太極拳的表演和運用一直以來都被分開來思考，有些人認為表演的太極拳無功夫，甚至認為推手高手無法做出表演者那般高穩定性的套路演練，可這些都是錯誤的觀念。套路和推手本來就是太極拳表與裡、體與用的存在，從事太極拳運動訓練者，應多思考二者相互依存關係，而不是空泛的評論而已。

　　推手的開合講述的是身體內部筋骨關節的鬆開和結合，在外形上並無明顯的動作出現，要能禦敵需要瞬間掌握時機點進行化打。是以，在經過了結合（全身整勁）、對應（接觸點聽勁）、順轉（慣性走化）的訓練後，接著就要開始進行發勁（關節開合）的訓練，且依序從長勁、短勁到鬆彈勁，次第的練習發勁，方能真正完成推手的鍛鍊，最後才進入訓練散打（鬆彈勁轉為寸勁）的階段。在「化打」的階段需要明白得機得勢的道理，「化打」是我認為推手訓練的最後階段，也是整勁、聽勁、內

勁三者大成，缺一不可；此時覺察力（知己）和洞察力（知彼）的意念分布為五五分，一半在己身，一半感受對手，從而因敵變化示神奇（對手運轉多少，己身就對應多少）。簡言之，順轉的階段只能說是走化功夫的成就，化打階段就是將走化加上發勁，推手的訓練才算完整。

學習推手者往往不知道如何訓練發勁？要如何在鬆的狀態下，將勁道給拋丟出去，而自身的中心、重心卻不會因此被牽動，甚至能連化連發，毫無阻滯？這其實並無法在文字中加以闡述，因為推手永遠是相對的，而不是絕對的，有時端看對手的程度而言；高明者對初學者當然隨手就能化打，但面對高手卻不容易同時做到走化和發勁。在此只能略述出合（結合）、接（對應）、轉（順轉）、發（化打）這四個步驟的交替變化，也就是運用時會出現的現象。故要能清楚化打的運用，就必須找到高明的老師才能學會，要如何判定其是否「高明」，建議可在定步推手規則中去請教老師（試手），但不受其設定的推手方式（只能鬆），或可找到自己認為適合的老師。

應敵三要

從事推手教學訓練已有數年的我，不敢說實戰經驗是如何豐富，但無論是交流或是和學生對練，接觸過的對手已有數百人；在這些人當中，可以被歸納出來很多的推手類型，然畢竟每個人的體型、年齡、性格都不同，就算同門所出，運用的手法也不一定會相同。

再次強調推手永遠是相對而不是絕對的。我就以自身和對手交流的經驗，提供一些應敵的想法，讓讀者從我的角度去看推手，說不定也能有一些不同的思維方向。以下三節分析了「人剛我柔」、「人柔我剛」及「剛柔並濟」三種相對應的類型，而每一種類型都必須以自己為基準，來和對手相較剛柔與否，從中再說明和對手相較之後，該採取什麼樣的方式，較能取得「得機得勢」的機會。

一、人剛我柔

進入自由推手階段後，經驗的累積是相當重要的一環。每個人的手法運用方式、體型大小以及用

力習慣皆不相同，不是一種用法就能應付所有類型的人；就算是功力已達大巧若拙之人，外表的表徵雖已讓人看不出變化（身形不動，仍能發勁），但迅如電閃的意念變化還是會存在的（意念仍在因敵變化），不過那已關乎精神層面和神經系統的反射問題，這樣的人在現代社會已近乎鳳毛麟角，少之又少了。

　　一般來說，人剛我柔的打法，是拿自己去和對手做比較判斷，對手若是勁道或力道練得比自己好，但卻偏於剛硬，那就可被歸類為「剛」（優勢所在），自身就可算是「柔」，此時當然不可能拿對手的優點和他相較，所以自身就必須以更多柔法來應付。然此處所謂的「剛」，並不是單純指對手都是僵硬或用拙力的方式來進行推手。進一步而言，勁道剛猛的人平時較喜歡發勁，享受將人打出去的成就感，也比較喜歡參加比賽，因為可以不必去管鬆柔走化的問題，直來直往硬接硬發；但唯一的問題就是要能夠發出太極拳所謂的鬆彈勁就有點困難，畢竟擅長用全身勁道繃緊去拿、推、發對方者，較難體會鬆的作用。可若是這類喜歡運用剛法者一旦體會鬆之後，很有可能馬上躋身高手的行列，因為其內勁和整勁已然訓練得比一般人要強多

了。

　　要如何和擅長剛勁的人對應？這就必須運用「人剛我柔」的方式。倘若對手無論是整勁、內勁，或是拙力這種展現「剛猛」的地方，都比自己強悍，甚至連聽勁反應亦相當快速；那麼，以勁道和對手拼搏的話，輸的可能性當然會增加，畢竟那是對方的優點和強項所在；此時就應該採取肩肘腰胯鬆柔走化的方式，讓對方的勁力無點可拿，無處可發，方能爭取到得機得勢的時機，贏得勝點。話雖如此，要以柔克剛卻並不容易。基本上運用柔法必須全靠敏銳的聽勁，此外整勁、內勁也不能和對手相差太遠；在對手全身繃緊要發勁之際，直接以鬆彈勁的方式發放，才有可能超越人體強度高低的限制，在人不知我的情況下，發人而出。另外，如果對手剛法程度高明，與己身柔法在伯仲之間，以我的經驗而言，這時應當以中定功架的方式來和對手周旋，就算一時無法順利將對手發出，但對手同樣也會出手無功；而三分鐘之後，對手就會因為氣力損耗較快，聽勁的反應隨之降低，此時就能輕鬆將之發出了。

　　所謂「鬆無止盡」，鬆柔的柔勁和鬆懈絕對不同，且必須要聽勁層次的配合方能做到；也就是

說，鬆是讓對手察覺不到你身上的僵硬點，而不是自己放鬆的感觸；亦即當對手抓不到可以對你發勁的點時，那就是你比對方鬆，所以鬆也是一種相對而不是絕對的。很多人自認為練了一輩子的鬆，但在應敵時稍一碰觸就渾身僵硬，觸覺的靈敏度未能訓練出來（聽勁），就會形成一種假鬆；另有人把「空」當作是打拳的至高境界，結果到最後真是練成一場空，對太極拳毫無充實內涵的體會，亦就是陷入「玩空」的執著了。

二、人柔我剛

從前言再引申而下，人柔我剛就是指對方的鬆柔走化功夫在己身之上，也就是全身聽勁的敏銳度勝過自己；那麼若是只會一昧地以鬆柔的方式和對方爭輸贏，還是以自己的「缺點」去和對方的「優點」相較，結果可想而知。所以我認為，此時必須試試看自己平日鍛鍊的整勁和內勁，有無贏對方的可能性，以「剛法」去對付「柔法」。此處所謂的「太極拳剛法」並不是全身僵硬的以氣力和對手架上或碰撞，而是以肌肉放鬆、筋骨結合後的體內結構力去應付對手。此時，基本上肌肉還是放鬆的狀態，體內的結構不能鬆散，且腰胯轉動變小（避免

因為採取剛法損耗太多氣力），手仍然要保持像鞭子一樣的靈活度，速度上雖然可能略遜於對手，但只須將身體最大的強度發揮出來即可（整勁加上內勁）。

一般而言，從外在的動作來看，善柔法的運用者會展現較大的動作，也就是比較開展；且能善用前後、左右、上下、進退的空間距離，及運用捋、採、挒、挑等手法牽制、牽引，讓對手捉摸不定，毫無著力點可攻擊。柔法者憑藉以空間換取時間的走化優勢，會待對手的中心線傾斜、重心浮起時，甚至對己身撲空之後，再瞬間對其發勁，讓對方應手跌出。所以這時採剛法者的手法、身法動作應內斂緊湊，斷不可貿然前進，也就是不可貪求將對手打出；反而必須利用剛法中封固對手的手法，如蜘蛛絲那般，以整勁和內勁搭配巧妙的手法封鎖對手的鬆柔走化，再瞬間發勁合出，也可用連續發勁的方式破壞對手的中心和重心，將之發出。

從經驗上來說明，當對手柔化方式較我為佳，且二人功力相當時，採取的結構力就以運用十字功架為宜，且近乎不動身。意念時時刻刻先穩住自己肩胯相合的結構，讓肩關節完全放鬆，不斷封固對方手法；對手身形速度雖快，也會因為缺乏耐性而

急躁出手，此時就可輕鬆將之發放出去。

在這裡重申一點，不論是人柔我剛或是人剛我柔的運用方式，都是建立在雙方實力接近時的論述；若是實力相差太多，在聽勁、整勁、內勁相較下極度的失衡，那麼所有的方式都是空談。也就是說，要能牽動四兩撥千斤（重逾百公斤的對手），自己本身的千斤墜（鬆沉功夫）也要有一定的水平，再加上輕靈巧妙的聽勁功夫，才有辦法將對手輕鬆發出，顯現推手功夫的奧妙。反之，功大欺理時亦然，己身整勁、內勁超乎對手甚多時（運用剛法者），無論對手如何輕靈巧妙（運用柔法者），也都能以拙勝巧，讓對手徒勞無功。故推手之相較，永遠是相對而不是絕對的。

三、剛柔並濟

太極拳剛法是從筋骨結構力的強度訓練入門，柔法則是從關節肌肉的放鬆訓練開始，二種方法看似矛盾，其實是可以一起具備的。但要注意的是訓練剛法時，初期身體會過度僵硬，感覺一整合起來，肌肉便無法放鬆，這只是過渡階段，等到全身的結構力，不論動靜之間都能統整一起之後，身體的肌肉群便可以開始放鬆，進入鬆柔的階段。從剛

法入門雖說身體較容易僵硬，但對訓練整勁則有較好的效果；這樣的訓練比較適合年輕人的學習，畢竟整勁發放的感受力強，也較能引起年輕人的興趣，進而願意開始學習太極拳。

　　太極拳柔法是目前年紀稍長者較常採用的訓練方式，一開始就從鬆柔出發訓練推手，為的是避免發生意外傷害，畢竟剛易折是不變的道理；可僅有訓練身體的鬆柔，雖能養成敏銳的聽勁和腰腿的強度，然久之對身體整體的強度和整勁並沒有幫助；也可說到最後僅有推拿摔抱的手法運用，卻無法練就冷脆鬆彈的發勁方式。畢竟要能發勁就必須體會身體瞬間的合勁，而要體會合勁，首先就必須要有整勁，因此柔法的優點是訓練聽勁而非整勁。

　　當面對剛柔法都具備一定程度的人時，就會有千變萬化的相對應方式出現，時而剛猛、時而柔化，完全無法預設對手的對應方式。我最喜歡和此類人交流推手，這時聽勁會被訓練得更加敏銳，因為一搭手後，精神就完全提起，身體完全的放鬆，在找勁時均要時時刻刻小心謹慎，彼此之間對應速度快且毫無阻滯；此時並無法說明該如何運用手法身法，只會單純享受玩推手的樂趣。這現象說明了要能成就太極拳推手的功夫，剛法和柔法兩種方法

都是必須能隨時使用出來，方能因敵變化示神奇；但同時修練和體悟兩者之人，其進步的進程會比起單練一種剛法或柔法要來得慢。因為必須時常在鬆緊、有無之間徘徊和感受，有時過鬆、有時過僵、有時勁道太多、有時意念太強；且老師必須也要具備剛柔並濟的功夫，方能讓學生同時體會剛柔兩法的鍛練和運用。

太極拳終究是朝著鬆前進的，可這個鬆字卻無法完全讓人體會到太極拳真正的妙用。十三勢行功心解有云「運勁如百煉鋼」、「極柔軟，然後極堅剛」（內勁），另張三丰太極拳論有云「周身節節貫串，勿令絲毫間斷」（整勁）等，均說明了體內剛法存在的必要性；而拳經拳論中的柔法所述更多（於此不做贅言），又如「陰不離陽，陽不離陰，陰陽相濟，方為懂勁，懂勁後，愈練愈精，默識揣摩，漸至從心所欲」，亦說明了剛柔相濟的重要性。故勉勵喜好推手的同道們，能廣習剛柔相濟之法，方能體會太極拳陰陽相濟的妙用。且不論己身功夫如何了得，只要和他人相較，都應該先抱拳以禮，向對方請益，以謙沖為和，廣結益友，方能對自己拳藝層次的提升有所助益。

習拳五態

雖說不貪多、不怕吃苦、堅持每日練拳是學好太極拳的基本方法,可在現今忙碌的社會環境,很多人無法每天都有時間練拳;再加上現代人的身體較以往農業社會時孱弱許多,要能吃苦耐勞練拳的,恐也為數不多。然太極拳是一種能內外兼修的武術運動,是眾多習武者所累積傳承下來的智慧結晶,能將太極拳練好,無疑是一種良善的緣分;可緣分有深有淺,要能夠找到適合自己習拳目標的老師,其實也需要一點擇師的智慧。以下就簡述習拳者和教拳者的五種形態,讓讀者先正確評估自己本身的條件和適合的老師類型,使自己在學拳的道路上,減少一些挫折和避免誤入歧途。

一、孔武有力的習拳者

此類人不管是學習套路或是推手,要學會放鬆並不容易,因為不管是與生俱來,或是後天鍛鍊出來的力量,本身就是一種優勢。此類人一旦認為力量勝過一切,甚而有拙能勝巧的觀念時,就容易陷

入不斷訓練剛猛勁道的迷思中，捨不得多練習鬆柔走化；然而當其輸給了練習鬆柔之人時，甚至有可能冥頑不靈地認定是勁道的鍛鍊不夠，因此加強肌耐力和爆發力的訓練，一直到能打贏練鬆柔的對手為止。可終其一生，直到年華老去，勁道隨著肌肉退化時，才感嘆「鬆」實為活命養生之法，力量終究逝去得快，這時才會明白自己實在完全沒體悟到太極拳那高深的智慧。但也有些特殊例子，就是此類人在豐富的推手經驗中，忽然體悟到「鬆」而成就了功夫，然此終究非太極拳講求的練習途徑；因為一昧的追求勁道者，其誤入歧途或陷入瓶頸的機率，實在是高於追求剛柔並濟的修練者。

要讓此類人的推手更上層樓，就必須使其學會放鬆，體會舍己從人而非舍近求遠的真正意涵。推手的輸贏是讓自己能夠更深入體會鬆的妙用，而非為了顧及面子問題，放棄了學習放鬆的機會。推手的鬆是必須從失敗中成長，不管勁道如何強悍，若是聽勁上完全無法掌握對手，就無法施展沾黏貼隨的功夫，只能硬架硬打，然後落得一身傷。在此勸勉這類型的推手者，須知推手是太極拳用法訓練的一個重要環節，有其一定的規則，為的是養成鬆活靈巧的敏銳聽勁；雖說先天條件能夠勝出多數人，

然仍應朝著多練習鬆柔走化的方式去成就推手功夫，相信終能以鬆服人而不是以力降人。

二、孱弱無力的習拳者

此類人開始接觸推手時，會因為先天上體格較瘦弱，或是因為運動量偏少，導致身上氣力不足，而容易輸給身體強壯且力道強勁者。可此類型的人反倒是容易以鬆柔走化的方式開始學習推手，且鬆柔的特點是能夠讓攻擊及走化的速度變快，也較能運用出太極拳沾黏貼隨的身、手、步法。

然而，從鬆柔走化入門者到了一定程度之後，想更上一層樓就必須去思考「接勁」的可能性。因為本身的內勁和整勁如果不足，就算是鬆柔走化的聽勁高人一等，也容易陷入在得機得勢時，出現發人不出的窘況；又或是根本無法承接對手快速攻來的勁道，而在瞬間就失去了中心和重心。這時若繼續往鬆柔的途徑前進，而未改善無法接勁的弱點，到最後便會對太極拳的鬆柔走化功法失去信心，然後年華老去，只能對外聲稱自己是練養生功法，不和別人推手了。

在我的教學經驗中，除非是年過七旬的長者，已較難讓內勁增長外；一般就算是年屬六旬的習拳

者，還是能夠經過適當的訓練體會到整勁的存在，亦能開始增長己身的內勁；也就是說若是訓練得法，年長者一樣能夠學會推手的發勁功法。當然，並非所有人都渴望能練就高深的推手功夫，只要長期沉浸在鬆柔推手的訓練當中，其實一樣能夠保持身體健康，且能避免推手的運動傷害，可要學會真正的推手功夫就會有難度。這是個見仁見智的問題，完全沒有對錯，端視學習者本身是否有意願進入推手功夫的層次，或是只想在養生推手當中與人共樂即可，兩者都是很好的學習方式。

三、為師善剛法者

此類型的老師教導學生時，常以訓練剛法勁道入門，也能很快地讓學生體會到內勁和整勁，但學生卻不容易體悟到真正的鬆柔走化（聽勁運用）功夫。因為此類型的老師往往也是體格壯碩、孔武有力者，因其聽勁與內勁可能已是學生估摸不著的層次，而讓學生覺得老師相當鬆，是太極拳的真功夫；然而此類型的老師有可能是在長期接觸推手中，逐步體會到放鬆的方式，而做出引進落空的功夫，這的確到了大師級的境地。可是畢竟其本身早已練就強橫的內勁和整勁，且一路走來是由剛法進

入柔法，當然也希望學生能從剛法入門，先成就整勁和內勁再來談鬆；但有時學生並沒有老師那種長期推手的經驗，所以往往練出一身的蠻勁，這雖在比賽場上可以力戰群雄取得佳績，不過也可能因此離鬆柔的路線愈來愈遠，終究換得一身傷而不自知。

在此並非評論教學者有何對錯，應該是說教學的模式需要剛法和柔法的一併學習。因為有些身體較為瘦弱的學生，其實一開始並沒有辦法承受如此高強度的學習方式；若老師無法學會判斷學生的身體素質，採取責難而非鼓勵的方式，那麼很可能就會讓學生過度訓練而受傷。另外，學生參加比賽也需挑選適合者，勿讓學生一昧以追求比賽為目標，反而忽略了太極拳的本質；到最後為了比賽成績，不斷地加強重訓或摻雜摔角、柔道的技巧，讓太極拳推手比賽成了掛羊頭賣狗肉的競技場，也會讓太極拳推手技巧傳承逐漸消失。

四、為師善柔法者

此類型的老師偏向以鬆柔走化方式教導學生，太極拳本來就是強調鬆柔技巧的運用，學生由此入門也較不會發生運動傷害，不過若要往更高深的推

手功夫邁進就不容易了。因為少了整勁的體悟和內勁的鍛鍊，僅是一昧的以鬆柔走化方式去訓練，一旦遇到剛法運用高超的對手時便無法抵擋，這時就容易產生挫折感，甚至認定太極拳的「鬆」是無用的。

　　從古到今太極拳一直都是被歸類在武術的一環，其基本功的鍛鍊並不亞於其他各門各派的基本功法，其鬆柔的技巧也在眾多武術派別中獨樹一格。可雖說以鬆柔方法去接化拿發對手，是太極拳高深的運用技巧；但若沒有像以往習練太極拳者那般的基本功法鍛鍊，沒有將身體筋骨打造出足夠的強度和韌性，單憑鬆柔的技巧反而讓其他武術門派之人高度質疑太極拳的技擊性。善柔法的老師並非只懂鬆柔，只要能接下剛猛的勁道，引進落空，就表示其懂得剛法要領，這時學生就必須請老師教導剛勁訓練方法。若教導推手的老師無法發揮以柔克剛的功力，這時就必須考量師資是否適當，及本身學習推手的目的為何了。

　　在此，提出一個質疑，非常多強調鬆柔走化的老師，在教導學生推手時，僅會強調鬆但不說明勁道是如何發放，以及如何訓練的，甚至約束學生不得使用較為剛猛的氣力。那麼，學生就會一直在

老師所圈起的框架中學習，而且將永遠覺得老師是天下無敵；畢竟善柔法老師的聽勁必定超越學生許多，雙方都在鬆的狀態下時，學生只能任由擺布。這點質疑的產生，是因為在和恩師推手對練的過程，老師總說，你儘量攻擊，不限定任何方式，不會約束是不是使用蠻力。關於這項質疑或許是我不明所以，只希望讀者都能遇見會明白闡述和演繹剛柔並濟功夫的老師。

五、為師剛柔並濟者

此類型的老師在追求太極拳的核心內涵時，必定是刻苦耐勞，一步一腳印的遵從著其傳承老師的教導，且用心落實的朝著太極拳每一階段應該達到的目標努力。以往老師們大多用一式不成，不教二式的訓練方法教導學生，加上學生對於武術的熱忱，所以在身體強度和技巧訓練上，都能有一定的成就；但在現今社會人們工作忙碌，能如此長期接受訓練的人並不多，且入門時的年紀多已屆不惑之年，故多數習拳者，係以追求鬆柔健康為主。然太極拳走的是體用並重的修行之路，求的是身心的健康，雖說鬆柔有其運動功效，但若能體用兼修，其實對身體的健康幫助更大。

我在跟隨恩師習拳時，便是一招一式緩慢且紮實的訓練；恩師除了不斷提醒我向鬆的層次邁進，也不斷的督促我要將勁道練好。在此建議：學習剛法時可依自己身體狀況循序漸進地鍛鍊，讓筋骨強壯；學習柔法時則須讓心境更加寬容豁達，不以輸贏為要，如此方能有剛柔並濟的同步成長。

　　能夠遇上剛柔並濟的老師並向其學習，實在是一種福氣，且應該學習老師這一生練拳的艱苦歷程，而不是只學他們功夫成就後的體現方式。有些人只看到大師們最後那階級神明的太極功夫，卻不去身體力行大師們走過的路，那麼想要到達他們的層次和境地，不啻是癡人說夢而已。雖說不是每個人都想當上大師，但追求一個太極夢讓自己的身心都能圓滿，是每位練太極拳的人應有的基本認知；而從剛柔雙法中去獲得太極拳的智慧，方是讓夢想成真的一條正途。

第四章

道法薪傳

薪傳太極拳之道，重視的是鄭子太極拳的傳承，而「善與人同」更是薪傳人奉行的精神，亦是薪傳人所遵循的道路。自2003年我的太老師鞠大師鴻賓先生獲得「中華文化薪傳獎」後，便開始籌畫成立「中華國際薪傳鄭子太極拳總會」，彼時端賴創會理事長陳榮盛先生不辭辛勞奔波下，於2008年成立了總會，而我的恩師王大師錦士先生接任第一屆總教練，從此開啟了「太極道法薪傳」的篇章。我很榮幸秉承師命於2012年創立了「臺東縣東成薪傳鄭子太極拳協會」，並擔任創會理事長及副總教練（恩師為總教練）職務，從此在臺東地區教授鄭子太極拳，將薪火相傳的太極拳拳術惠及大眾傳承下去。

　　本篇章所講述的是習武者為人處世應建立的基本觀念，也就是「武德」。我的老師對於武者德行相當的要求，且説過武者若無德，只能説是一介武夫，並無習武者的精神內涵在其中。武道是一種追求，也是一種修行，人的內外層次除了身體，更重要的是心靈。以下是我在學習武術過程中，對於心靈層面的探索和感知，分享給大家參酌。

第一節
修行之路

　　我自幼對武術即有濃厚興趣，亦曾於高中時參加太極拳社團；出社會後，因工作日夜顛倒的關係，導致身體逐漸出現狀況，遂又生起習練太極拳之念頭，便報名救國團舉辦的太極拳研習班重新開始習拳。在經過二年的練習後，意識到在套路演練的追求上已陷入瓶頸，卻未能真正體會鄭子太極拳之核心功法；適逢恩師不辭辛勞每月從高雄至台東往返傳授技藝，方有緣獲恩師認可入門習拳，亦從恩師精湛的拳藝中，得知鄭子太極拳具有無比深奧之內涵。如此福緣相信乃前世修來，今世方得以蒙其恩澤。

　　拳路漫漫，恩師常言「從無學好之日」，若能堅持不懈，便能不斷進入更深層次的體會。恩師也常述及於鞠大師鴻賓先生及鄭宗師曼青先生處習拳之時，無一不是刻苦耐勞的練習，所以「用心勤練」實為恩師所留下最重要的一句心法，遠甚於其他深奧的武學道理。先賢們如此用心的習拳，除了延續中華武術精粹的傳承，更能毫不藏私的將奧妙

拳理廣傳於世，以求世人之健康。其中「善與人同」之理念，亦是薪傳人奉行之大愛精神。

一、尊師重道

以往在冷兵器時代，習武之人有著防身、護家、衛國的責任，且武術甚至是養家活口的一項技藝。在那舊時代裡，功夫的傳承攸關著榮譽、責任和生存，故尊師重道的武德至關重要；且武本有止戈之意，若教出危害社會的徒弟，對師門的榮譽會有相當大的損害，也會不利於武術的傳承。所以審慎的挑選傳人和教導徒弟們認識武德的重要性，成了為師者相當重要的一個責任。

在現今時代，因功利主義掛帥，加上一般人「好為人師」的觀念，許多人在功夫未成或功成離師後，就忘卻了老師教導的恩澤；雖然功夫的成就是個人用心體會及刻苦練習得來的成果，但若沒有老師引領入門，豈能一路攀向武術的頂峰。所以，尊師重道是身為一個習武之人必須具備的武德，否則充其量只是一個毫無倫常觀念、只在乎自身功名利祿的武夫。

自古「文無第一、武無第二」，文人相輕，武人相鬥由來已久。顯見在習武者心中，總是堅信

己身所練就的功法是最特殊、最厲害的，所以就希望將全數的心得傳承給門生；然而門生的境遇和學習過程不可能和老師一模一樣，其也可能將融合自己心得想法的武術，再接續傳承下去。如此一代傳一代，相信已沒有人會打出和初代完全一樣的套路風格或動作，若有後學標榜其所學才是「正宗」，別人所學都非正統的傳承，實在是過於主觀。很多大師在作古之後，會出現學生們各立山頭的現象，這其實很正常。因為每個人的身體素質和學習體會原本就不同，所以同一位老師教導出來的學生，所擅長的部分都是不一樣的，毋須去強調誰學的武術是正統，誰的是非正統。老師若能引領學生體會到拳經拳論所論述的太極拳原理原則，就是莫大的功德；如此師恩，當然值得學生一輩子去尊敬和傳承。故我認為習武者不應該以攻擊謾罵其他門派、標榜無師自通、甚至泯除師恩等等的作為來張揚自身功夫；須知人外有人，天外有天，應該用心領悟本門所傳迴異於他派拳術的特點，同時汲取其他武術的優點，來增廣自己的武術見地，才可說是傳承了拳的智慧、拳的正確認知和兼容並蓄的武德。

二、變化氣質

　　演練太極拳會給人一種鬆柔沉靜、平正均勻的感受，很多人正是欣賞這樣的美才會對太極拳動心；然而要練就輕靈中帶著渾厚的靜謐之美，絕非一朝一夕之功。學拳者還是需要先建立練拳的正確觀念才能把拳練好，若抱著單純養生或不求甚解的態度學拳，一輩子只希望能跟在老師後頭比劃，其實這樣的武術運動的效益，真的非常低。能夠學習太極拳，代表遇上了一段美好的因緣，然而很多人卻是讓這緣分悄然的消逝，實在是錯過了能夠讓自己易筋易骨易髓的好機會。

　　練拳須練心，若想要真正進入「內固精神、外示安逸」的階段，則必須透過體用的功法訓練（先在心、後在身），才能夠到達這樣的武術境地。之所以會強調「武術」二字，係因太極拳並非宗教之路的修行，而是由武入道的修行；若是從宗教上或心靈成長類的課程學習，而獲得精神的穩固，與太極拳武道之路所呈現出來拳道合一的境地，還是有些不同。畢竟拳架套路是動態的，要在動態中讓人感受到安靜並不容易，那是身心都必須同時鍛鍊的成果，而非只有心靈的穩固而已。另外，若能勤練太極拳一段時間，待整個人的精氣神充足之後，所

展現出地不是驕傲的自滿，而是謙虛的自信。

　　打拳時若要像大師們那般，散發出靜謐、渾厚、樸實和簡約的拳味，是需要從功法中一步一腳印地去追求；從內斂紮實的基本功法訓練出來的功架，才會讓人在演練套路時，更專注在整體鬆柔沉靜的思惟上。正所謂「磨轉心不轉」，如此一心不亂，且能長期堅定的練拳，隨著功力日漸深厚，當能領悟太極拳意氣勁的存在及變化，亦能自然散發出那份動靜相間、虛實相映、意氣相盪、陰陽相濟、身心俱合的太極拳之美；最後進入所謂「靜中觸動動猶靜」的境地，無論行住坐臥均能順乎自然表現出樸實內斂的氣質。因為對自身的深入了解，不斷的捨己從人，隨曲就伸，進而不浮躁、不貪進、不畏懼，當能從此變化氣質，靜默安舒於天地之中。

三、不爭之爭

　　很多人都有好為人師的想法，有時是因為對手相較自己略遜一籌，想提供一些建議給對手參酌；有時卻是對手勝過自己一籌，但因為面子問題，就硬是強調自己的練法如何高明，甚至強辯是己身尚未熟練而已；又或是兩方造詣相當，卻在討論的過

程中堅持己見，拿自己的標準或心得強要對方接受，想在功法、拳理上爭個輸贏，然而這些行為都是有可能限制或妨礙自己的進步。若是能帶著一顆謙遜的心，去聽取別人的心得和經驗，再來檢視自身有無的優缺點，那麼拳藝反能因此受益、精進，還能廣結善緣，結交不少同好。

　　從張三豐太極拳論中，最後的二句「欲天下豪傑延年益壽，不徒作技藝之末」，可知學習太極拳終必將身體健康擺在首位。「不爭之爭」，爭的是自己的健康，是自己對太極拳拳藝有多少的體會和瞭解。「梧桐一葉落，天下盡知秋」，學拳者要在習拳過程中，安靜地藉由對身體細微處的變化，從而感應到全身的變化；這樣的學習過程會培養出靜心思考的慣性思維，進而能在面對人生其他事情時，亦能沉穩細心的處理。所謂拳論中「曲伸開合聽自由」、「捨己從人」、「人剛我柔」、「我順人背」等等的道理，均為武術及人生修行之路；故學拳者，當知己身除了拳術的修練，亦須注重德行的修持。與人爭鬥、拼輸贏，贏的是誰？輸的是誰？終究會被時間洪流所吞沒。惟有德者，能留馨香。

第二節
功法傳承

　　本節套路演練之心法內容為昔日跟隨恩師習拳時，於每堂課記述筆記後，再自行整理出的重點；因其中有摻雜自身的心得體會，摘錄出來僅希望能對初學者在學習套路時有所助益。故本段內容中有不盡或未能真正領會鄭子太極拳功法之處，尚祈同門前輩及師兄姐們見諒並指正。

鄭子37式套路演練心法

一、37式每個分解動作皆須同時以意念觀照全身，鬆沉緩慢均勻的完成，不可使之有斷續處；另如虛實分清、上下相隨、完整一氣、邁步如貓行等功架要領，均須奉行於完整拳架演練中，毋使偏廢。

二、太極者無極而生，一動即分陰陽。要將拳練好，應在每個規格要領中仔細推敲琢磨，一式不得要領，不做二式；恩師常言「用心」二字，實為練好拳架，練出拳味之不二法門。

三、腰胯鬆落之高度即為整趟拳架運行之高度，身體不可起伏，想像在一水平之繩索下打拳，方能充分體會腰腿胯之運行。練拳時容易前俯或後仰者，應注意上半身仍須保持中正（須有文風不動之勢），腳下虛實交換之際，每一動靜皆須了然於胸，何處虛，何處實，總能清清楚楚交代，無有遺漏，雙腳陰陽虛實分清，日久功力自深；另單式完成欲收功時，由虛腳緩緩收回，恢復立正姿勢，讓氣徐徐歸元。

四、每秒間之行進動作，須能觀想動作如流水般均勻，且恆流無滯；如此轉胯、上步、弓腿、掤捋擠按手間，皆應維持固定之速率，方能達至節節貫穿之目的。水流無論是暴河、怒濤、清溪、靜海等，都會以同等速率前進，等速實為達到整勁之法；練為緩，用為急，無論急緩全身都在同等速率下運行，如此方能將全身整合出最大之功率，用以行功及養身皆能自然無礙矣。

五、遇有轉胯動作時，意念須觀想重心所在之腳如螺絲釘般旋入地表內，惟膝蓋不可晃動，膝蓋左右晃動容易受傷；虛腳鬆淨，

隨腰提動，應有輕靈之覺，不可鬆滯。亦即舉凡每招轉胯皆應有「旋入」地表之意念。

六、腰腿胯在動盪間虛實更應分清楚，每一細微動作能感受到力蓄其中，鬆中帶沉，沉中含靈，靈中藏靜，呼吸自然而不滯。

七、虛靈頂勁，下頷宛若千斤重，後頸自然豎直。兩手交換在夾脊，兩腳交換在尾閭；一旦招式純熟，即應將注意力放回夾脊及尾閭，沉轉開合間，時時刻刻留心從頂至踵之直線，收放關乎尾閭之提動、鬆沉，以使氣能靈活，身能矯捷。

八、心要定靜，動力源頭在於腰胯之旋轉，一經旋動時，實腳之重力將透經湧泉沉入地面，同時帶動雙手的提動及虛腳之位移。勁氣為內在背脊的開合和腰胯旋動而展現於外，一貫而成並非手腳自動。

九、遇有弓腿前靠的動作時（側身弓腿時亦同），應全憑一股腰腿內勁；然須全身鬆透，腰腿之勁方能送至肩膀。用於實戰時，其內勁傳達速度為如電閃一般，眨眼即逝。

十、柔腰百折若無骨，腰須鬆柔，臀部放鬆，尾閭垂直下墜，動作不可僵直，轉腰亦似流水般無斷續處。

十一、動之餘曰盪，重心之轉移如同鐘擺；意念將一股暗勁完全落在實處後，隨即又往虛處移動，循環不已。若每動皆有如此意念，則「沉」字稍可得也。然虛實之處，並非僅有腳之變換，身體亦有虛實；比如實腳落胯一沉，在旋動間內勁已上提至雙手及虛腳，手腳若絲般連著，內勁積蓄於心膂，隨時可制敵。

十二、內觀重心。凡重心前七後三時，前腳膝蓋不可超過腳尖，倘感覺前腳腳尖用力時，即重心已過前；舉凡重心所在（全虛、全實），皆應時刻留心注意。

十三、時刻留心腰胯與手腳之聯繫。意觀中定為軸心，中定旋動時，手腳與腰胯彷彿由絲牽連，腰胯之轉沉旋落，配合手之鬆柔輕靈，完整一氣，每一舉動綿密層疊、鬆整連貫。

十四、雙手雙腳之交換沉轉速度須一致，雙手之分開、下按、合起，意念皆往下落，同時

內勁會往上提；力源由腳起經腰胯至手，總能感覺完整一氣，毫無散落，內心平靜自能察覺此等細微之動態。

十五、做捋接擠式時，兩手劃圓動作應相互牽動，須臾不離，不可忽遠忽近；又動作應似流水無痕，腰跨轉動如流水般不留痕跡，不可有忽快或起強勁動作出現。

十六、打意非打形，意到氣到勁到。每步邁出將重心移至全實時，須有如腳穿透地面之覺，方可謂虛實分清。所有動作非手動，力皆由腰腿胯而起，勁從無到有，方可訓練出整勁。頭不可注視地面，沉肩墜肘，力方可節節貫穿而出。

十七、虛實分清，意為招招式式暗藏一腿。全37式虛腳平胯朝正前方招式名稱為提手上勢、白鶴晾翅、肘底捶、退步跨虎等。所有腿招應注意由腰胯起勁帶腳而起，非腳自動，手隨腰胯轉，方能合乎整勁。虛腳之提起為實腳意念下沉，相對內勁上提帶動而起，非用意念將腳提起，手之採按及上提亦同。

十八、沉即為蓄勁。呼吸務求自然，絕不可強行

隨招式呼吸，否則易導致岔氣，嚴重者傷及腦部。太極拳採用逆式呼吸法，吸氣時氣滿貼背，呼氣時氣沉丹田，於自然中求之，非強行吸吐。倒攆猴之轉腰實為轉胯，鬆腰落胯為要，刺手溫手存乎一心，用心將腰胯、手勢連成一塊，加上退步及後坐時尾閭之沉轉，能體會出人與地面相互旋動之力，順乎自然。

十九、心念須融入動作流程中，招招以意念打出，不可散亂。每招每式須交代清楚，但不可挫斷。雲手之功行於左右落胯，胯若不能鬆落，手必僵硬；橫移時且須注意身體萬不能起伏，起伏則功散。每一採動皆配合弓腿，每一旋動皆配合落胯，此招單練對於鬆腰落胯功效宏大。

廿、應注意上下相隨，雙手雙腳須同時到定位。

廿一、左右分腳中，雙手分開之意念為劈勢，力源從腳經腰沿脊至臂，力不可散；意為緊，身為鬆，所有分解動作純熟後，可視為一動，意到氣到勁到，無有分別。

廿二、轉身蹬腳中，右手之揮動應暗藏內勁，有

賞對方一巴掌之意念；惟雙手仍須鬆沉，且腰腿胯之旋動乃從右手揮動中，一股沉勁反往地面落下去，方能隨之動盪轉身。

結語

　　太極拳從古至今，從一門武術發展到現在，成為舉世聞名的運動養生功法，就是推崇其在技擊之外，對人類身體健康的重大貢獻。從鄭宗師曼青先生、鞠大師鴻賓先生至王大師錦士先生，三位大師先賢們在教導學生時，同樣也在教導為人處世的太極哲理。他們無私的奉獻和長年在國內外的奔波教學，委實造就了甚多鄭子太極拳的人才，並將健康帶給更多學拳之人。

　　「中華國際薪傳鄭子太極拳總會」的成立，延續了三位大師們為拳奉獻的精神；為能落實這份傳拳的使命，現任總會長連傑義先生和總教練王南富先生積極推動「SMART五級教練」培訓與評鑑制度。我有幸成為薪傳教練培訓委員會的一員，也在此感謝教培會師兄姊們不吝提攜與指導。此書付梓是希望能將自身所學的太極拳功法與學生及同道們分享，亦希望學而有成的薪傳學子們，能秉持薪

傳「善與人同」的理念，永續將鄭子太極拳傳承下
去。

國家圖書館出版品預行編目資料

鄭子太極拳功法概要／趙偉豪著. --初版.--臺中
市：白象文化，2020.10
　　面；　公分
ISBN　978-986-5526-58-0（平裝）
1.太極拳
528.972　　　　　　　　　109009206

鄭子太極拳功法概要

作　　　者　趙偉豪
校　　　對　趙偉豪
專案主編　林榮威
出版編印　吳適意、林榮威、林孟侃、陳逸儒、黃麗穎
設計創意　張禮南、何佳諠
經銷推廣　李莉吟、莊博亞、劉育姍、李如玉
經紀企劃　張輝潭、洪怡欣、徐錦淳、黃姿虹
營運管理　林金郎、曾千熏
發 行 人　張輝潭
出版發行　白象文化事業有限公司

　　　　　412台中市大里區科技路1號8樓之2（台中軟體園區）
　　　　　出版專線：（04）2496-5995　　傳真：（04）2496-9901
　　　　　401台中市東區和平街228巷44號（經銷部）
　　　　　購書專線：（04）2220-8589　　傳真：（04）2220-8505
印　　　刷　基盛印刷工場
初版一刷　2020年10月
初版二刷　2021年7月
定　　　價　320元

白象文化　印書小舖　出版 · 經銷 · 宣傳 · 設計
www.ElephantWhite.com.tw　f 自費出版的領導者　購書 白象文化生活館